semente ● editorial

Divino de São Lourenço / ES, 2ª. edição, primavera de 2020

O Olhar Interior
UM CAMINHO DE DESCOBERTAS ATRAVÉS DO RELAXAMENTO E MEDITAÇÃO

Inês Furtado

© O Olhar Interior – Um caminho de descobertas
através do relaxamento e meditação
2015 by Inês Furtado

2ª edição: novembro/2020
Direitos desta edição reservados à
SEMENTE EDITORIAL LTDA.

Av. José Maria Gonçalves, 38 – Patrimônio da Penha
Divino de São Lourenço/ES Cep: 29590-000

Rua: Araxá, 655/202 – Grajaú
Rio de Janeiro/RJ Cep: 20511-180
(21) 98207.8535

contato@sementeeditorial.com.br
www.sementeeditorial.com.br

Preparação de originais: Mirian Cavalcanti
Revisão: Mirian Cavalcanti e Tania Cavalcanti
Projeto gráfico, capa e direção de arte: Lara Kouzmin-Korovaeff
Produção editorial: Estúdio Tangerina
Editora Responsável: Lara Kouzmin-Korovaeff
Fotografias: Inês Furtado

F992o

    Furtado, Inês
    O Olhar Interior : um caminho de descobertas através
    do relaxamento e meditação / Inês Furtado.
    Divino de São Lourenço – ES : Semente Editorial, 2015.
      160pp. ; 21 cm

      ISBN 978-85-63546-30-2

      1. Meditação. I. Título.

                          CDD: 296.16

Em memória de

minha mãe Myriam (19XX*–2010),

por tudo que aprendi através dela.

Ofereço este livro a meu marido e companheiro Marco Antonio,

que me iniciou no mundo intrigante dos mistérios

através do autoconhecimento.

Muito amor para você!

Agradeço a todos que, de alguma forma,

contribuíram para que eu escrevesse este livro;

e aos grandes mestres por seus ensinamentos.

Com gratidão, respeito e muito amor!

(*) ela não gostava que soubessem sua idade, e respeito isso.

Olhar para dentro de si mesmo
é mais fácil do que parece.
Ver o que existe lá
pede um pouco mais de atenção...,
e, principalmente, da nossa intenção.

Pense na máxima:
"Pedi, e dar-se-vos-á;
buscai, e achareis;
batei, e abrir-se-vos-á."
"Pois todo o que pede recebe;
o que busca, encontra;
e a quem bate, abrir-se-lhe-á."

A Bíblia Sagrada – Novo Testamento
Mateus, cap. VII, vv 7 e 8

Neste livro você vai encontrar, além de orientação e inspiração para começar sua prática, um material fonográfico cuidadosamente preparado pela autora para ajudá-lo e conduzi-lo através dos exercícios propostos. Para acessá-lo basta escanear com seu celular o QRcode que acompanha cada um deles.

O conjunto completo de exercícios também está disponível no site do livro:

www.oolharinterior.com.br

Para baixar as gravações
você vai precisar desta senha: 250415

SUMÁRIO

PALAVRAS DA AUTORA, 11
INTRODUÇÃO, 15

1. MEDITAR, 19
   Faça apenas isso, 20

2. DOIS MESTRES QUERIDOS, 23
   Estar presente – no tempo e no espaço, 24
   Deixar-se levar, 27

3. "ATÉ AONDE VOCÊ VAI ME LEVAR?", 32
   Estar com você, 34

4. UM PRESENTE PRECIOSO, 39
   Expansão energética da vida, 41

5. INUKSHUK NO TIBET, 45
   "Cheio/Vazio", 46
   Uma experiência interessante, 48

6. OS SONS DA NOSSA VIDA, 51
   Os pensamentos e os sons, 53
   Mantras e sons vocálicos, 54
   Relaxando com sons vocálicos, 58

7. EINSTEIN E A RELIGIOSIDADE CÓSMICA, 61
   "Pra lá de longe", 62
   Um caminho novo, 63

8. O PODER DA IMAGINAÇÃO, 67

  Visualizar é imaginar a realidade, 68

  O seu eu mais verdadeiro, 71

9. UMA LEMBRANÇA PARA TODA VIDA, 75

  A cor está em nós, 76

  À luz do arco-íris, 78

10. O OLHAR INTERIOR, 83

  Acessando energias, 86

  De quem você gosta mais? 87

11. ONDE ESTÁ SUA ATENÇÃO? 91

  Meditar andando, 93

12. DE VOLTA À INFÂNCIA, 97

  O Ser Energético, 102

  Fortalecendo seu Ser Energético, 104

13. A ENERGIA EM MOVIMENTO, 109

  Kung Fu, 110

  Tai Chi, 111

  Exercícios físicos para movimentar energia, 113

14. PENSANDO EM VOZ ALTA, 133

  Chuveiro de luz, 136

15. PAPAI NOEL, 141

  Refresque sua memória, 143

16. TOMAR DO PRÓPRIO REMÉDIO, 145

  Em atividade, 149

FRASES INSPIRADORAS, 154

ÍNDICE DE FOTOS, 156

FONTES DE ESTUDO E PESQUISA, 157

REGISTROS E ANOTAÇÕES, 158

PRÁTICAS

1. Faça apenas isso, 20
2. Deixar-se levar, 27
3. Estar com você, 34
4. Expansão energética da vida, 41
5. Uma experiência interessante, 48
6. Relaxando com sons vocálicos, 58
7. Um caminho novo, 63
8. O seu eu mais verdadeiro, 71
9. À luz do arco-íris, 78
10. De quem você gosta mais? 87
11. Meditar andando, 93
12. Fortalecendo seu Ser Energético, 104
13. Exercícios físicos para movimentar energia, 113
14. Chuveiro de luz, 136
15. Refresque sua memória, 143
16. Em atividade, 149

No jardim – Teresópolis/Rio de Janeiro; Brasil

Palavras da Autora

Quando ainda era estudante de Letras e comecei a estagiar, lecionando, descobri que minha voz fazia com que as pessoas ficassem sonolentas.

Um colega mais experiente, estudante de medicina, tentou me ensinar a falar usando o diafragma (não me pergunte como se faz). Como eu achava a voz dele horrorosa (era muito aguda) nem me preocupei em aprender, e agradeço por isso.

Compreendi então que, de alguma forma, se quisesse dar aulas sem colocar todo mundo para dormir, teria que mudar minha maneira de falar e estar sempre alerta para diversificar o ritmo da aula.

A verdade é que tomei outros rumos – trabalhei por um longo período em uma multinacional; saí de lá e tornei-me empresária. Em um certo momento resolvi dedicar-me ao meu lado de artista estudando pintura e fazendo vários cursos ligados às artes visuais; no Rio de Janeiro, Belo Horizonte e São Paulo.

Tive a felicidade de poder viajar bastante e conhecer de perto diferentes culturas, conversar com pessoas visitando suas cidades em países da Ásia (China, Tibete, Hong Kong, Japão, Tailândia, Nepal); Oriente Médio (Egito); Europa (Alemanha, Áustria, França, Grécia, Inglaterra, Itália, Espanha, Portugal);

Pacífico (ilhas havaianas) e Américas (Canadá, Estados Unidos, México, Bahamas, Chile, Argentina). Conheço também quase todos os estados do Brasil (capitais e interior).

Traduzi livros de arte que trouxe do exterior, como forma de aprender, e preparei alguns cursos e palestras. Montei meu ateliê, uma pequena galeria, e dei aulas. Participei de exposições, fui catalogada, e ganhei prêmios.

Fui uma jovem sonhadora e intrigada com o comportamento das pessoas quando interagem, e isto ficou evidente no tempo em que estudei sociologia, matéria pela qual era apaixonada, e ao me tornar *coach*.

Alguém um dia me disse que eu devia escrever as histórias que contava; que minha voz acalmava e devia gravar um CD com meditações. Alguém um dia me reclamou dizendo: "mas que coisa, pra tudo que a gente fala você tem uma história pra contar!". E, como tudo é *feedback*, isso ficou na minha memória criativa, gerando ideias de como transformar essas sugestões em algo real, útil, e que trouxesse conforto a quem lesse e escutasse.

Desde 2003 venho criando e ministrando cursos de desenvolvimento profissional e pessoal para empresas; e esse meu dom natural de "falar macio" facilita quando há exercícios que requeiram vivências e interiorizações com visualização e relaxamento.

Minhas capacitações me incentivaram a criar um núcleo de meditação e arte – um estúdio para socialização, leitura, cursos, crescimento e harmonização pessoal –, aproveitando uma área de jardim cercada de floresta; e também, ajudando pessoas através de plataformas digitais e redes sociais, com minha experiência e possibilidade.

Quando elaborei este livro, procurei, na simplicidade, uma forma de passar o que aprendi nos momentos em que vivi situações de estresse: submergi, reagi, emergi, me centrei e me realizei encontrando alternativas viáveis e sustentáveis enquanto buscava um novo caminho.

Selecionei algumas fotografias que tirei por onde estive e que fossem inspiradoras nesta viagem de descobrimentos e realizações.

Minha intenção é que você possa pegar e usar cada etapa, aproveitando os momentos de interiorização para encontrar suas próprias alternativas e respostas. Apenas relaxe e deixe-se levar pela minha voz...

... Os caminhos estão aí, só nos resta percebê-los, ponderar e escolher aqueles que acreditamos nos conduzirão ao objetivo desejado.

Inês Furtado

Rio de Janeiro, outono de 2015

A ciência já comprovou que a Meditação traz vários benefícios à saúde no âmbito cardíaco, respiratório, muscular e cerebral; na redução do estresse, desenvolvimento da concentração, harmonia interior, no processo de individuação e realização pessoal, entre outros.

"Obtemos a maior parte do nosso Ki, ou energia vital, do ar que respiramos. Todas as coisas vivas dependem da respiração e o cessar desta constitui o cessar da própria vida. [...] Drenamos nossa força de vida ou ki a cada pensamento, a cada ato de vontade ou a cada movimento muscular. Consequentemente, é necessária uma renovação constante, o que é possível através da respiração e de outras práticas saudáveis."[1]

"Prana, ou 'ki' (Chi), é a energia vital que mantém o organismo vivo e saudável [...]; ou 'respiração de vida'."[2]

---

1 Kok Sui, Choa. *Ciência da Cura Prânica*. São Paulo: Editora Ground, 8ª edição. (1998, p. 27)

2 *Ibid*, (p.28).

Introdução

Assim como uma linha começa com um ponto, posso nos imaginar como formas constituídas por linhas, geradas por pontos carregados de luz própria, e iluminando tudo ao seu redor.

Embora façamos parte do todo de um mesmo universo – seja como partículas dele ou como simples morador do planeta Terra –, cada um de nós é único. E, como Ser Único, experimentamos a existência de forma única, particular, cada um percebendo a realidade à sua volta da sua maneira.

Como faróis, usamos nossa luz interior para descortinar o que está do lado de fora. Mas, para que essa luz interna mantenha-se ativa, ela precisa ser cuidada, alimentada e fortalecida. Se estiver fraca, como vai existir, brilhar, orientar e proteger a si e ao todo ao qual pertence?

> *Olhar para dentro de si é mais fácil do que parece; ver o que existe lá pede um pouco mais de atenção..., e, principalmente, da nossa intenção.*

Escolhi deixar de fora aprofundamentos científicos, teorias, e fórmulas complicadas de se chegar ao "olhar interior". Escrevi de forma simples para pessoas que buscam se conhecer melhor e interagir também melhor com si mesmo, com o próximo, e com o mundo. A ideia por trás da composição do conteúdo foi conseguir que aquele que o lesse começasse sua "viagem", de mansinho; fosse experimentando e crescendo com a experiência – como entendo ser a maneira natural de se aprender.

Então, tomo ciência de que nossa vida começa com uma inspiração, literalmente – é a primeira coisa que fazemos quando nos aventuramos fora do útero de nossas mães... *"Faça apenas isso..."* (1).

Em meio a reflexões, histórias curtas, citações e metáforas, nossa luz se acende e, aos poucos, os sentidos vão sendo despertados e fortalecidos pelas experimentações.

Entendo que eles são as principais ferramentas que temos para nos contatar e interagir com o exterior. Assim, busquei experimentações que despertassem esses sentidos, tão adormecidos pelo frenesi da vida cotidiana.

... (2) esteja atento, perceba o seu corpo...; (3) olhe para dentro...; (4) fortaleça sua luz interior...; (5) observe que você não está sozinho...; (6) escute; ouça os sons da natureza e ganhe força com eles...; (7) procure o melhor caminho e siga...; (8) encontre a saída...; (9) veja; as cores podem ser sentidas e servem como fonte de energia e descanso...; (10) ame-se, pois não podemos dar aquilo que não temos...; (11)

sinta; seja parte do ambiente em que você vive...; (12) como parte de um todo, alimente o universo com o amor da sua própria luz...; (13) exercite-se; ganhe e disperse a energia acumulada...; (14) aproveite as boas vibrações do universo e brilhe...; (15) perceba quem você é, verdadeiramente...; (16) agora, adiante-se e dê o próximo passo em direção ao futuro.

Abrace o universo, agradeça, e sinta-se feliz por ser parte dele. Veja-se, ame-se, reinvente-se, fortaleça sua luz e a leve mais longe, mais fundo, mais alto.

Muitas foram as fundamentações científicas que embasaram esse trabalho de amor e que podem ser encontradas nas Neurociências como o Mindfulness (Atenção Plena), a Inteligência Emocional, a Neurolinguística, a Sociologia, Gestalt, Psicologia Positiva, o estudo do Prana, o Misticismo, a Religiosidade...

Se eu fosse listar não haveria espaço suficiente para considerar todas as matérias contidas neste trabalho, de tão extensa que é a bibliografia sobre estes assuntos. Como eu disse antes:

> "Permiti que o assunto fluísse leve, deixando a teoria para os estudiosos. [...] Minha intenção é que você possa pegar e usar cada etapa, [...] Aproveite os momentos de interiorização e descubra suas próprias alternativas, ou apenas relaxe e deixe-se levar pela minha voz...".

Arredores da geleira – Bariloche; Argentina

*"Quem olha para fora, sonha.
Quem olha para dentro, acorda."*

Carl G. Jung

Meditar

Eu entendia que meditar era pensar em alguma coisa, analisar uma situação, ponderar procurando compreender.

Descobri que meditar pode ser mais que isso. Pode ser, na verdade, exatamente o contrário. Meditar pode ser esvaziar; desocupar a mente dos pensamentos, das análises e das ponderações.

Mas nossos pensamentos fluem num processo contínuo de criação. Eles não param de surgir, e muitas vezes se amontoam, se misturam e se mesclam. Neste fluxo inesgotável, como numa corrida ininterrupta, uns ultrapassam outros e alguns até se chocam, gerando confusão.

Aprendi que no processo de esvaziar a mente de pensamentos precisamos, antes, colocar alguma outra coisa lá, em seu lugar; transferir nosso foco de atenção.

A porta de entrada para o caminho do "olhar interior" pode estar na simples ação de focalizar a atenção na própria respiração.

Embora seja uma coisa simples e possa ser feita a qualquer momento e em qualquer lugar, tomar consciência de como funcionamos deve ser uma experiência especial.

FAÇA APENAS ISSO...

Encontre um lugar tranquilo em que consiga estar sozinho, livre de interrupções.

Desligue os telefones, converse com as pessoas que dividem seu espaço com você e explique como é importante não ser interrompido.

Convide quem quiser partilhar este momento de introspecção, ao mesmo tempo, com você.

Sente-se com o corpo e a cabeça eretos, mas de maneira que se sinta confortável. Pode ser na poltrona predileta ou num recanto do jardim.

Não há posição específica para as pernas, mas é bom que estejam ligeiramente afastadas. Se quiser, pode colocar seus pés sobre um banquinho, pufe ou almofada.

Lembre-se: Você pode estar levemente re-costado, mas não abaixe ou levante a cabeça nem estique o pescoço, ou entorte a espinha; permita que o fluxo de energia que flui através da respiração percorra todo o seu corpo, num caminho reto, com facilidade.

Agora você já está pronto para os primeiros passos da caminhada; então...

... focalize sua atenção na respiração; perceba o ar que entra e sai de seu corpo no seu ritmo constante, naturalmente...

   (Pode ir aumentando o tempo, conforme for se acostumando.)

Monastério Sera (debate) – Lhasa; Tibete

Dois mestres queridos

Conta uma antiga história que num determinado momento encontraram-se na mesma vila dois grupos de estudiosos, e cada um desses grupos acompanhava um grande mestre.

Ao se defrontarem, os discípulos envolveram-se numa disputa para saber qual dos mestres era "o melhor mestre".

Um dos grupos iniciou o debate dizendo: "O nosso mestre consegue manter o jejum por muitos dias, ele nos encanta quando fala, seu coração é de uma bondade sem fim...". E assim foram discorrendo todas as maravilhas sobre o mestre querido.

O outro grupo ouviu tudo com grande atenção e deferência e, ao final, os discípulos disseram:

"Ah, muito bem; que coisas maravilhosas vocês nos contaram; seu mestre deve ser uma pessoa especial".

Então, chegou a vez do outro grupo falar sobre os méritos do seu próprio mestre. "O que podemos dizer do nosso mestre é que ele é uma pessoa muito simples. Ao observarmos seu comportamento podemos perceber que, quando ele come, está atento ao que está comendo; quando dorme, entrega-se totalmente ao seu sono; quando passa seus ensinamentos, ele vivencia o que nos passa; quando caminha, está alerta das respostas do seu corpo em movimento. Ele está ali, presente em tudo o que faz."

Estar Presente – No tempo e no espaço

Quando se fala em Presente, entendendo-o como o agora; a referência que temos é o momento que estamos vivenciando, em que a ação se faz.

Temos a ilusão de que ele é estático, mas é só uma ilusão – ele está em constante movimento. O simples ato de pensar nos conecta com o Futuro; e, assim que o ato (pensamento) se completa, ele não é mais Presente, já é Passado.

O Presente, aqui e agora, é tão sutil que nos confunde, pois aí é onde tudo acontece: ele é o ponto em que o passado vira futuro; e o futuro, se transforma em passado.

Como numa metáfora, isso me lembra das definições de ponto e linha – o ponto é a unidade mais simples e irredutivelmente mínima de comunicação visual; e a linha é um ponto em movimento –, eles estão tão unidos, que não os conseguimos distinguir.

Este é o primeiro elo da ligação entre você e... Você, para perceber seu corpo. O que é isto, este invólucro, esta máquina, esta criatura dentro da qual nós vivemos?

Como você é?

Você se olha? Como são suas mãos? Você gesticula quando fala? Que gestos você faz? Qual a cor de seus olhos? Qual o formato das unhas dos seus dedinhos do pé?

Você se escuta? Qual é o ritmo do seu coração? O que acontece com ele? Como você fala? Rápido, devagar, arrastado? O tom ou timbre da sua voz é alto, é baixo; é claro ou nasalado? É dito que o odor é um dos principais sentidos que une as pessoas; você conhece seu cheiro? Que tal o seu hálito? Você tem chulé? É cheiroso?

Qual o sabor de uma lágrima? E o do suor, quando escorre por seu rosto e vai parar no cantinho da sua boca? E sua pele: é áspera ou macia? Lisa ou enrugada?

O que sentimos, quando, onde e como sentimos?

Para você perceber *Você*, não precisa estudar medicina, não precisa fazer pesquisas científicas, nem tornar-se um estudioso da mente; basta *Estar Presente em si mesmo*.

Esteja Presente ao tomar seu banho, ao preparar-se para dormir, ao despertar pela manhã, nas suas refeições, ao conversar...

Como é você quando está trabalhando? Você está lá? Mesmo?

E ao se alimentar? Como é o que você come? Tem cor? Aroma? Qual sua forma? O que faz você escolher este alimento e não algum outro?

E quanto ao que você pensa, você escuta seus pensamentos? Presta atenção ao que eles lhe dizem, ou "passa batido"?

Observando a mim mesma, descobri que ao despertar pela manhã surgiam, em forma de pensamentos, muitas respostas, ideias novas e soluções inspiradoras, desde que eu permitisse que esses pensamentos se consolidassem.

A consolidação dos meus pensamentos só dependia de eu dar um tempo para que se cristalizassem, ou seja, se tornassem claros, cristalinos.

Ao abrir seus olhos, quando acordar, esteja preparado para "escutar" seus pensamentos. Ajuste o despertador para tocar uns cinco ou dez minutos antes da hora habitual. Talvez, quem sabe, nem precise, e o seu momento mágico seja numa outra hora.

Na maioria das vezes eles não chegam completos, são como pequenos pontos de luz que precisamos unir para enxergar a claridade.

É sempre bom ter um caderno de anotações ao lado da cama; escreva tudo que conseguir se lembrar, mesmo que pareça estranho. Não se intimide se o que lhe veio à mente não faz sentido naquele instante, deixe para analisar e editar depois. No momento certo você vai compreender a mensagem, e poderá utilizá-la, ou não.

DEIXAR-SE LEVAR

Pronto. Você agora tomou consciência de Você; já respira com facilidade, está presente, observa e percebe seu corpo, suas sensações. Já pode, então, continuar e fazer mais um movimento.

O próximo passo é deixar-se levar, flutuar, desvanecer, evaporar... Mas, para isso acontecer você precisa, antes, se perceber, se notar.

Procure aquele lugar especial, peça a seu pessoal para que não o incomode e, mais uma vez, sente-se confortavelmente, com a cabeça e o tronco eretos, como já fez antes.

Faça três inspirações profundas e relaxe respirando pausadamente.

Comece a perceber seu corpo pelas pontas dos pés — mexa os dedos, gire os tornozelos, dobre e desdobre os joelhos, e dê uma leve "sacudida" nas pernas.

Agora deixe que esta parte do seu corpo descanse e esqueça-se dela.

Seus pés podem estar pousados no chão por inteiro, mas não force os joelhos, mantendo-os ligeiramente dobrados.

Evite colocar uma perna sobre a outra, pois isso pode gerar tensão muscular.

Sinta o peso do resto do corpo onde estiver sentado; deixe pesar até que não o sinta mais.

Perceba sua coluna vertebral sustentando esse peso enquanto mantém a respiração no seu compasso — o ar entrando... e saindo...

Observe, quando você inspira, que sua barriga expande antes do peito — deixe que isto aconteça, esta é a maneira natural de acontecer.

Siga sua coluna até a altura dos ombros; vá até esse ponto e alcance os extremos descendo pelos braços até a ponta dos dedos.

Mexa os dedos das mãos, gire os pulsos, dobre e desdobre os cotovelos e "sacuda" os braços, com carinho.

Relaxe os braços sobre as coxas com as palmas das mãos viradas para baixo, suavemente.

Permita que todo esse conjunto "caia". Deixe "cair" seus ombros e braços e esqueça-se deles.

Volte seu pensamento para a respiração e conserve seu ritmo — inspirando... e expirando...

Leve sua atenção para o pescoço — mexa os músculos do pescoço inclinando sua cabeça, bem devagar, para frente, para trás e para os lados.

Agora deixe que estes músculos façam seu trabalho e sustentem a cabeça, naturalmente.

Perceba o seu rosto e solte os músculos da face, como se a estivesse lavando, desfazendo qualquer tensão que exista — a testa, as pálpebras, as bochechas, o nariz, a boca.

Faça uma careta e libere o maxilar; deixe a língua pousar suavemente na boca. Quando você solta o maxilar, os dentes se separam e o queixo relaxa junto com todo o restante do rosto.

Inspirando... e expirando... O ar entrando... e saindo...

Sinta que a área do cabelo se desprende do crânio, e relaxe, ao mesmo tempo, as orelhas.

Agora, esqueça-se também dessa parte do seu corpo.

Para que seus pensamentos não dispersem sua atenção, mantenha o foco na respiração. É pela respiração que se ligam mente e corpo.

Deixe-se levar pela experiência de ser simplesmente... ar; livre e aprisionado no balanço compassado do inspirar e expirar...
... repouse aí seus pensamentos.

Quem sabe, até, consiga levitar...

Até aonde você vai me levar?

Em Março de 1993 escrevi:

"Sonho da juventude,
Transborda sua paz em meu coração;
Ilumina meu caminho em meio às trevas.
Oh transcendental figura de luz,
Traz até mim seu carinho, sua cor.

Enveredando por caminhos desconhecidos
Busquei a luz em meio às trevas.
Tracei projetos que falharam,
Tracei planos que vingaram.
Encontrei o amor, fiz amigos;
Outros, estranhos a mim ficaram,
Ou em inimigos se tornaram.

Estrada para Tsedang – Gongkar; Tibete

Mas a dor causou a busca,
Me fez mais forte, me trouxe a sorte.
Ah, caminhos estranhos que precisei trilhar,
Até que em não mais estranhos se transformaram,
E se iluminaram.
Ah, quantas coisas desconhecidas,
Agora descobertas.
Ah, caminhos de luz, portas abertas;
Passagem que atravesso; passos que me levam.
Oh mundo de ocultos desvendados,
Mistérios conhecidos, maravilhas sem fim.

Oh eterno despertar, até aonde você vai me levar?"

ESTAR COM VOCÊ

Sente-se numa posição confortável. Relaxe seu corpo, mas não a ponto de dobrá-lo. Observe seus ombros, os músculos da face e deixe que a tensão vá se desfazendo, vagarosamente.

Mantenha seus olhos suavemente fechados. Inspire e expire com tranquilidade, por algum tempo. Acompanhe o entrar e sair do ar que acontece enquanto você respira.

Ao surgirem novos pensamentos, deixe que eles passem e sigam seu caminho. Mantenha sua atenção na respiração e perceba que eles vão aos poucos se acalmando.

Inspirando... e expirando... O ar entrando... e saindo...

Agora, libere sua atenção e volte-se para dentro... "olhe" para sua mente, observando a própria consciência.

Repouse livre nesse espaço acolhedor, como se retornasse cansado de uma longa jornada.

Sinta quão preciosa é esta vida e que é essencial tratar dela com muita atenção e cuidado.

Perceba seu valor como ser humano, cheio de possibilidades, e dedique a si mesmo sentimentos profundos de afeição e estima.

Agora, refeito e relaxado, examine, sinceramente, aquilo que é mais importante para você na vida...

Pergunte ao seu coração: o que preciso conseguir, ou devo descartar, para alcançar o bem-estar verdadeiro e trazer significado à minha existência?

Quando a resposta clarear na sua mente, imagine os sentimentos de real felicidade despertando, e florescendo em você.

Decida que vai alimentar estes bons sentimentos dia após dia, mantendo-se de bem com você e com a vida.

Guarde essa experiência no fundo do seu Ser, trazendo-a consigo enquanto vai retornando, vagarosamente... até estar de volta aí, nesse lugar particular que escolheu para estar.

Lago – Bavaria; Alemanha

ALTERNATIVA

Você pode fazer esses relaxamentos deitado, ao se recolher para dormir, ou, em caso de impossibilidade física para ficar sentado.

É interessante, porém, que sua cabeça esteja no mesmo plano do corpo, facilitando o fluir da energia vital, mas sempre de maneira que se sinta confortável.

Criança da Vila – Drak Yerpa; Tibete

Um presente precioso

Certa vez, ouvi uma história que transcorria mais ou menos assim: "viajando pelas grandes montanhas da região que percorria, uma velha e sábia mulher precisou um dia cruzar um pequeno rio".

Observando o leito do rio por onde pisava, ela encontrou uma bela pedra preciosa. Colocou-a na sacola que levava e continuou sua viagem. Descansou ao ar livre naquela noite estrelada, e, no dia seguinte, prosseguindo seu caminho, deparou-se, após algum tempo, com um viajante que lhe confessou estar com muita fome.

Decidida a atender aquele pedido velado de ajuda, a mulher abriu sua sacola, pegou a comida que tinha, e dividiu com ele.

Sem que ela tivesse tentado esconder, o homem viu, junto com seus outros pertences, a pedra preciosa que ela havia encontrado, e ficou deslumbrado.

Ele então pediu à mulher que lhe desse a pedra de presente e, sem hesitar, ela lhe entregou aquela preciosidade.

Os dois se separaram e o viajante seguiu seu caminho, con-gratulando-se por sua boa sorte. Aquele tesouro iria garan-tir sua segurança para toda a vida.

Alguns dias depois, sabendo para onde havia se dirigido a mulher, ele foi à sua procura. Ao encontrá-la, entregou-lhe a pedra e disse: "bem sei o valor desta pedra que você me deu, mas pensei muito e estou aqui para devolvê-la. O que quero pedir-lhe, todavia, é algo bem mais precioso".

A mulher olhou para ele, aguardando seu pedido, e ele con-tinuou: "se for possível, me dê o que está dentro de você e que a fez capaz de dividir sua comida comigo, no meio do nada, e ainda me entregar um tesouro como esse".

"Este, sim, é um presente que não tem preço."

EXPANSÃO ENERGÉTICA DA VIDA

Sente-se confortavelmente, inspire e expire profundamente e relaxe seu corpo, respirando pausadamente e acalmando seu coração.

Sinta as diversas sensações e emoções presentes em você.

Se seus pensamentos tomarem outro rumo, volte tranquilamente sua atenção para a respiração e deixe-se levar pela alegria de poder perceber o sopro divino que nos alimenta através dessa respiração.

Relaxe seu corpo, mantendo-se consciente da sua presença, aqui e agora, do que você sente, e de quem você é.

Com sua atenção em você, envie a si mesmo sentimentos de compreensão, de amor, amizade e aceitação.

Enriqueça sua vida enquanto se dedica a gostar deste você que você é.

Permita que esses sentimentos façam parte de você, preenchendo cada célula do seu corpo, e vá relaxando conforme for passando...

Comece nos pés e suba pelas pernas até o tronco; desça ao longo dos braços, chegando aos dedos das mãos; volte aos ombros, passe pelo pescoço, o rosto, a nuca, até o topo da cabeça.

Conserve esta sensação de relaxamento por algum tempo... deixe-se levar e volte sua atenção para a respiração.

Encontre agora, em seus pensamentos, alguém que você goste muito e ofereça a essa pessoa seus sentimentos de compreensão, amor, amizade e aceitação, para que eles façam parte da vida dela também.

Vivencie isso usando todos os sentidos – vendo, ouvindo, falando e percebendo...

Traga sua atenção de volta para a respiração e o relaxamento para que possa continuar...

Estenda, então, esses sentimentos de compreensão, amor, amizade e aceitação para outras pessoas do seu relacionamento (parentes, amigos, conhecidos).

Seja generoso e experimente esse momento com alegria...

Fique assim por mais um pouco, fortalecendo-se emocionalmente; sentindo no bem-estar do próximo a base para sua própria felicidade e paz de espírito.

Agora, suavemente, movimente seus dedos, pés, mãos, pálpebras... e vá retornando... até que sinta seu corpo presente, aqui e agora.

Complemento

Conforme você for praticando e se fortalecendo, expanda seus horizontes num crescendo seguro.

Passe a enviar sua compreensão, amor, amizade e aceitação aos vizinhos, seu bairro, cidade, país, e assim por diante... até envolver todo o planeta... com naturalidade e sinceridade.

Um passo de cada vez...

A cada passo, eles estarão certamente mais próximos no seu coração... E você no deles.

Ao final das etapas, traga sua atenção de volta para a respiração e o relaxamento; retorne à consciência de si mesmo, pausadamente.

Rio Kyichu – Estrada p/ Drak Yerpa; Tibete

Este nome – *inukshuk* (pronuncia-se "*inutsuk*") – é dado a estruturas (ou marcos de pedra) utilizadas por povos nativos da região ártica da América do Norte (Alasca, Groenlândia). Muito popular no Canadá, foi adotado como logotipo dos Jogos Olímpicos de Inverno, de Vancouver, em 2010.

Inukshuks no Tibete

Esta palavra significa "algo que age para, ou executa a função de um ser humano"; e deriva, segundo fontes onde pesquisei, dos morfemas *"inuk"* (homem) e *"suk"* (substituto).

São usualmente construídos na forma de seres humanos, servindo como guias nas imensidões geladas e com poucas referências naturais.

Colocados em pontos altos, estes "amontoados de pedra" traduzem amizade e bom relacionamento; e nos lembram do quanto dependemos uns dos outros.

Compreendido de uma forma bem coloquial, *inukshuk* pode significar: "alguém esteve aqui".

Encontrar um *inukshuk* no caminho traz-nos a segurança de que trilhamos no rumo certo; a emoção de não estar sozinho no mundo; o sentimento de que há esperança de chegar a um porto seguro.

Tenha com você algumas pequenas pedras e construa seu próprio *inukshuk*; ou ofereça um como presente a um amigo.

C*HEIO*/V*AZIO*

Alguma vez já meditou sobre "cheio/vazio"? Ao esvaziar uma gaveta, encher uma geladeira, ter pessoas de visita em casa, após partirem...

Uma das coisas que muito me impressionou quando saí do Nepal e cheguei ao Tibete foi a ocupação do espaço.

É difícil explicar o sentimento e a sensação que experimentei com a disparidade: de um lado – dezenas de pessoas praticamente amontoadas por toda parte; do outro – enorme espaço aberto por toda parte e pouquíssimas pessoas.

A vastidão da paisagem no Tibete chega a ser assustadora e irreal; são 360° de amplidão.

Temos a impressão de que estamos dentro de um quadro ou fotografia no qual se esqueceram de colocar a moldura.

Vivi em cidades grandes e cidades pequenas, mas sempre cercada de pessoas, casas, ou grandes prédios; mesmo que um pouco distantes uns dos outros, em alguns casos.

Só lembro de ter sentido algo parecido quando estive, há anos, no Mato Grosso do Sul, no meio de uma plantação de soja. Lá, a referência era uma linha horizontal riscando uma vasta planície amarela para onde quer que eu me virasse: acima, o azul vazio de um céu sem nuvens, abaixo, um mar dourado de hastes densas e fechado.

No Tibete, a sensação é extremamente profunda e envolvente; tudo está perto e ao mesmo tempo distante.

Aqui o barqueiro solitário parece-nos grande, em contraste com a imensidão e majestade do cenário que se perde no horizonte.

Rio Brahmaputra (travessia p/ Samye) – Tibete

UMA EXPERIÊNCIA INTERESSANTE

Sente-se, deite-se, recline-se; acomode-se como quiser, onde quiser. Respire fundo, três vezes, e relaxe.

Olhe bem para as duas últimas fotos das páginas anteriores e imagine-se no vale, lá embaixo.

Ao seu redor você consegue ver as montanhas imensas, muitas pedras e uma escassa vegetação rasteira.

Correndo próximo estão os braços do enorme rio que se espalha por todo lado.

Você está num veículo pequeno, junto com outras pessoas, e começa a subir a estrada íngreme de terra seca, a caminho de um vilarejo incrustado num outro vale distante.

Numa curva enviesada, abre-se um espaço entre as paredes de pedras miúdas, enquanto o ar fica mais raro; tanto pela altitude, como pela grandeza da paisagem que se apresenta em frente aos olhos.

Naquela área restrita, na beirada do penhasco, mostra-se uma criação de beleza milenar – "alguém passou por aqui", dizem as pedras colocadas em montes – a garantia de estar na direção certa, um sinal amigo.

Você, por sua vez, sai em busca de suas próprias pedras, depositando ali seu sinal pessoal; fruto da sua humanidade.

Então, de volta à estrada sinuosa, segue ao seu destino e finalmente encontra o que procura – satisfeito por completar esta etapa da viagem.

Neste instante você relaxa, respira fundo, e retorna ao momento presente... agora.

Vila – Drak Yerpa; Tibete

Sino – Patan; Nepal

Os sons da nossa vida

É comum dizer-se que, conforme crescemos, diminui a distância entre nós e nossos pais.

"Que distância?", você me perguntaria.

A distância da idade é uma delas, eu respondo rapidamente. Mas essa não é a distância à qual me refiro aqui; falo da distância do entendimento.

"Que entendimento?", você me pergunta de novo.

Aquele entendimento que só adquirimos quando nos tornamos maduros e conseguimos raciocinar, no lugar de simplesmente reagir às coisas que não entendemos.

Eu fui criada com meus avós maternos; com eles aprendi sobre dignidade, humildade, caráter, honestidade e cultura. Foi com meu avô que fiquei sabendo que existem tipos diferentes de música. Minhas tias dançavam *rock-and-roll* e *cha-cha-cha*, meu avô assoviava música clássica, e isso era um dom.

Certa vez, lá pelos anos 1990, fui a Curitiba fazer um curso que abordava a Regressão Consciente. Durante o curso, havia um exercício em que experimentávamos, nós próprios, vivenciar uma regressão.

Não sei do pensamento das outras pessoas, mas meu receio em fazer esse tipo de exercício era de passar por alguma experiência desagradável – "eu não vim aqui para isso". Foi uma grata surpresa quando a memória me levou a um momento feliz da minha infância.

Eu estava sentada, como gostava de fazer, na soleira da porta de nossa casa, em um bairro simples do Rio de Janeiro. Gosto de pensar em São Cristóvão como a "Quinta do Imperador", e fico imaginando como toda aquela região devia ser bonita naquele tempo, com seus casarões e árvores frondosas.

Mas, então, como estava contando, na minha lembrança eu estava sentada à porta, com os pés no degrau de baixo, e brincava de "comidinha". Eu devia ter uns cinco anos.

Meu avô estava em casa, no intervalo do trabalho e, enquanto esperava o almoço, ele lia o jornal e assoviava, e eu escutava sem me dar conta. De vez em quando levantava os olhos e os dirigia a ele.

Durante a regressão vivenciei esse momento mágico que passou batido, mas que estava lá: meu avô e eu. Lembrei com uma clareza incrível o instante em que ele percebeu meu olhar e perguntou: – "Está gostando, *Marinês?*". E fiz que sim com a cabeça.

Hoje, quando tenho um daqueles momentos em que posso sentar à varanda, com um livro no colo, apreciando o entardecer por trás das montanhas, pelas copas das árvores, acompanhada por Mozart, ou Debussy, e os pássaros fechando o coro de fundo, posso voltar àqueles instantes mágicos com meu avô, enquanto brincava no antigo "Bairro Imperial".

Os pensamentos e os sons

Usamos o foco na respiração como forma de acalmar nossos pensamentos levando-os numa direção específica, evitando que tumultuem nossa mente.

Essa tarefa de tumultuar a mente cabe aos pensamentos automáticos, sobre os quais dificilmente conseguimos ter controle.

Além da respiração, uma alternativa para atravessar o portal e mergulhar na "visão interior" é utilizar sons vocálicos, ou mantras, como foco, para disciplinar os pensamentos enquanto relaxamos.

Mantras e sons vocálicos

Apesar de serem ferramentas com base no som, existem diferenças entre os dois.

Utilizar mantras na meditação é algo mais elaborado e complexo.

Nos mantras, os sons utilizados (sílabas, palavras ou textos) são repetidos por um longo período continuado de tempo, trazendo estabilidade à consciência até que ela esteja "pura", "vazia", "não reativa".

Outra diferença está na quantidade de mantras, e no fato de que alguns induzem a estados específicos de consciência.

Ainda há muito que saber sobre esse estudo, através da pesquisa, como fiz, se isto lhe interessar.

Os sons vocálicos, por sua vez, são encontros de vogais e consoantes que, reunidos com propósito definido, geram uma ressonância vibratória específica e levam a estados meditativos da consciência.

É sabido que a combinação de certos sons pode afetar de forma benéfica nossos centros psíquicos (chakras) e, assim, percebemos uma sensação generalizada de bem-estar pessoal.

Tanto a matéria quanto os seres vivos (inclusive vegetais) são afetados, à sua maneira, pelas ondas vibratórias do som.

Os antigos usavam arautos para fazer proclamações; uma sirene ruidosa pode chamar ao trabalho ou nos colocar em alerta.

O som de um trovão pode alterar estados de espírito. Assim como uma música ritmada consegue aumentar nossa vitalidade, outras nos remetem à melancolia ou tristeza.

Mas, além dos sentimentos, as vibrações sonoras também conseguem afetar nosso corpo físico, como as batidas fortes de um tambor poderoso que interfere nas batidas do coração.

Trabalhados da forma correta, os sons vocálicos estimulam o indivíduo numa direção segura; a consciência expande-se de forma gradativa, trazendo um estado de maior harmonia interior (felicidade, equilíbrio, saúde e paz).

Para aproveitar as boas influências dessas vibrações, podemos experimentar, ao mesmo tempo, a prática da visualização enquanto ouvimos entoações, ou cânticos, gerados pela combinação de sons vocálicos (ou alguma música adequada).

Cada conjunto de sons tem sua nota musical apropriada, mas são fáceis de serem entoados, pois sua modulação é simples.

Para serenar os pensamentos, ajudar na meditação e, ao mesmo tempo, estimular os centros psíquicos, escolhi três sons:

OM RA MA

SONS VOCÁLICOS

- OM – Este som deve ser prolongado até se extinguir gradativamente *ooommm*. Seu tom é Ré natural.

  O efeito de "ooommm" reflete-se sobre todo o corpo físico; estimula a corrente sanguínea e sensibiliza os sistemas nervosos, autônomo e espinhal.

  A letra "O" é a representação do universo, sem começo nem fim; como o espaço infinito e a imortalidade da vida.

  O "M", aqui, constitui o poder de amadurecer e a passividade da natureza feminina; e deve ser pronunciado, não só nasalado.

- RA – É entoado em Lá natural (num leve trinado).

  Este som é uma característica real da natureza masculina; afeta o sistema nervoso simpático, a aura humana e o corpo psíquico.

- MA – É entoado em Lá natural.

  Feminino e de natureza fortalecedora e protetora, este é um som maternal. Tem o poder de nutrir a semente da vida depois que ela foi recebida.

  Alguns dos efeitos de MA relacionam-se com a cor das coisas. Este som pode, ainda, produzir pequenas ondulações na água.

- RA - MA – Quando entoados juntos, estes sons demonstram o poder combinado do masculino e feminino, fortalecendo a dualidade da nossa natureza.

RELAXANDO COM SONS VOCÁLICOS

Experimente relaxar acompanhado de sons vocálicos.

Desligue os telefones e vá para seu lugar preferido; tranquilo, e sem interrupções.

Convide a quem quiser partilhar este momento de introspecção com você.

Sente-se com o corpo e a cabeça eretos, mas de modo confortável. Mantenha os pés no chão e apoie as mãos sobre as pernas, com as palmas para baixo.

Não estique ou incline o pescoço, nem entorte a coluna; deixe a energia fluir pelo corpo, com facilidade. Inspire e expire por três vezes, num suspiro profundo; e relaxe...

Cada grupo de sons vocálicos deve ser entoado, separadamente, três vezes. Depois, entoe todos em conjunto, seguidamente, outras três vezes.

Agora, mergulhe nos sons e deixe-se levar.

... OM RA MA ...

Acompanhe comigo na gravação:

        OM OM OM
         RA RA RA
        MA MA MA

        OM RA MA
        OM RA MA
        OM RA MA

Stupa Swayambhunath – Katmandu; Nepal

EINSTEIN E A RELIGIOSIDADE CÓSMICA

"A mais bela e profunda emoção que podemos experimentar é a sensação de mistério. É dela que emana toda ciência verdadeira.

O indivíduo que não mais sente essa emoção, que perdeu a capacidade de deixar-se arrebatar de espanto, está praticamente morto.

Saber que realmente existe aquilo que para nós é impenetrável, manifestando-se como a mais elevada sabedoria e a mais radiante beleza, que nossas faculdades só podem compreender em suas formas mais primitivas.

Este conhecimento, este sentimento, está no cerne da verdadeira religiosidade.

A experiência religiosa cósmica é a mais poderosa e nobre força propulsora da pesquisa científica."

Albert Einstein

Pra lá de longe

Sempre que dirijo, ou desenvolvo um relaxamento, deixo-me levar pela intuição e criatividade.

Evito me prender ao formato original desenhado pelo discurso da meditação e crio meu próprio desenho conforme caminho pela imaginação.

Permito que meus pensamentos voem livres pelos espaços que percorro e vou descrevendo as imagens como as vejo; como as escuto, como as percebo.

Esta é uma experiência libertadora. É como se pintasse um quadro na mente; formando uma paisagem viva em que, além das formas, também existem sons, essências e sabores.

Uma pintura em que posso tocar e sentir as coisas que crio numa terceira dimensão e, ao final, por ter me transportado para a tela, vivenciar, quem sabe, até, outras dimensões.

O voo da criação, no pensamento, me dá "asas" para chegar "pra lá de longe".

UM CAMINHO NOVO

Sente-se confortavelmente. Relaxe seu corpo com três inspirações profundas e acalme-se, respirando naturalmente.

Esteja atento às diversas sensações e emoções que perceber no seu corpo, deixando-se nutrir pelo alimento divino que flui pela respiração.

Com seu olhar interior transporte-se para um lugar agradável onde existam muitas árvores e plantas. Sinta o frescor da relva e o aroma puro da manhã que exala da vegetação próxima.

Você vê uma trilha e segue por ela. Conforme caminha vai absorvendo os detalhes, reparando nos inúmeros tons de verde que se espalham pela floresta; nas cores e formatos diversos das flores que brotam pelo chão e junto a pedras.

Você as toca e sente texturas ásperas e macias em folhas e flores de todos os tamanhos e espessuras, algumas pesadas, outras leves.

Guiado pelo som dos pássaros você segue, confiante e seguro de onde quer chegar.

O murmurar das águas calmas do riacho alcança seus ouvidos; e a claridade que atravessa a folhagem segue com você, iluminando as áreas por onde passa.

A corrente é tranquila e a água está aquecida pelos raios do sol que estão por toda parte.

Na mansidão do regato amigo, você encontra um ponto onde pode se aconchegar. Entra na água morna e clara e deita-se, aproveitando sua passagem. Deixa que ela flua, vindo por sua cabeça, correndo pelo seu corpo e seguindo adiante sobre seus pés.

A água banhada pelo dourado do sol é agradável e, ao passar, vai levando com ela toda a poeira e mazelas que você trouxe na viagem.

Permita que assim seja...

Sentindo-se então revigorado e refeito da sua jornada, você percebe que já pode voltar.

Ergue-se fortalecido, e consegue agora vislumbrar e experimentar um caminho alternativo, por onde segue para o seu retorno.

No passo escolhido movimenta-se e chega a seu destino.

Aí, então, de forma leve e suave, vagarosamente mexe os dedos dos pés, as pernas, as mãos e braços, as pálpebras... abrindo os olhos e percebendo o espaço físico que escolheu para estar neste momento.

Crianças – Bahktapur; Nepal

"O Homem é aquilo em que acredita."

Anton Chekhov

O poder da imaginação

Eu tenho um irmão mais novo; um espírito travesso, cheio de energia, e graça – e eu o adoro. Trago comigo, até hoje, a sensação marcante de uma de suas brincadeiras quando éramos crianças, bem crianças.

Verdade seja dita que eu tive minha contribuição nesta história, com minha imaginação criativa livre e solta para transformar fantasia em realidade.

Eu estava no meu canto, distraída com minhas coisas de menina, mergulhada no meu mundo e alheia ao que acontecia ao meu redor. Diferentemente de meu irmão, inquieto.

Sei, por fontes confiáveis, que se eu tivesse algo com que me ocupar, podia passar o dia inteiro imersa naquele mundo, viajando na imaginação.

Voltando à história, lá estava eu, absorvida por outra dimensão da realidade, quando ele surgiu do nada (possivelmente escondido, me observando e maquinando). Com os braços levantados, e as mãos em garra, avançou sobre mim urrando e fazendo caretas como se fosse um leão.

Ele bem sabia o que estava fazendo e com quem estava lidando, porque levantei aos gritos, apavorada, correndo pela sala, procurando alguém para me salvar daquele leão furioso que me perseguia rosnando.

Talvez tenha sido o susto, a surpresa do ataque repentino, mas posso garantir que não foi brincadeira, pois na minha frente, eu nada mais vi, realmente, do que um leão; e um leão bem feroz.

Hoje, percebo que ainda posso mergulhar no meu mundo particular, me sentir bem estando comigo, enquanto me movimento na minha imaginação.

Posso dar asas aos meus pensamentos, ter uma multidão ao meu redor, sem precisar sair do lugar. Passar um dia inteiro "fora do ar", rabiscando um desenho, criando formas, gerando mundos...

Visualizar é imaginar a realidade

Visualizar, para mim, é imaginar a realidade; é ver o mundo real com os olhos do pensamento; é usar a força poderosa do "olhar interior".

Se eu disser a você: "visualize uma laranja", ela pode ter a cor que você acredita que deva ter, o tamanho e formato que achar que tenha.

Pode estar depositada em qualquer lugar que desejar, ou até mesmo flutuando, como se pairasse no ar entre as pessoas que a estivessem jogando – para lá e para cá.

Talvez tenha acabado de ser colhida do seu próprio pomar, e ainda esteja na cesta, apetitosa, atraindo seu olhar.

Querendo chegar aos detalhes, você decide se ela é doce ou azeda, se seu perfume é forte e faz arder as narinas, e, até, se foi lavada ou ainda está empoeirada da viagem que fez desde a fazenda.

Você pode continuar visualizando e imaginando como terá sido esta viagem.

É bem provável, raciocina, que ela tenha alguma marca por ter vindo espremida em um caixote, amontoado num caminhão; com certeza, bem barulhento.

Então, pensa: "como será este caminhão barulhento que trouxe a laranja lá da fazenda?"; e "como será esta fazenda?" – e começar tudo de novo... imaginando... e visualizando...

Deixando o pensamento fluir livremente, podemos criar a imagem daquilo que queremos, até os mínimos detalhes.

Visualizar alguma coisa é dar forma, da maneira mais completa que conseguirmos, usando nossos sentidos para facilitar a tarefa – vendo, ouvindo, cheirando, provando, sentindo e vivenciando cada instante.

Quantas vezes lhe perguntaram, quando criança: – O que você quer ser quando crescer?

E, hoje, lhe pergunto:

"Qual a versão mais elevada de si mesmo você consegue criar, agora, na sua imaginação?".

O SEU EU MAIS VERDADEIRO

Recolha-se a um lugar tranquilo e mantenha-se de pé: braços soltos ao longo do corpo, pernas ligeiramente separadas para equilibrar, e relaxe.

Pode fechar os olhos ou não, o que for confortável, desde que não se distraia com o que está à sua volta.

Olhe "para dentro" e entre em contato com seu EU mais verdadeiro; aquele que compreende quem você é e como funciona.

Imagine que existe um caminho à sua frente que leva você adiante, na direção que deseja, e que vai começar a trilhar esse caminho, agora.

Decida então como é esse Você que vai fazer a caminhada.

Pergunte e responda a si próprio, com todos os detalhes, conforme for visualizando:

– "Como é o corpo com o qual quero fazer essa caminhada?";

– "Que pessoas desejo ter próximas a mim, e fazendo parte da minha vida?";

– "Em que tipo de ambiente quero transitar e estar envolvido culturalmente?";

– "Quais sentimentos e sensações desejo ter, que fazem eu me sentir 'de bem com a vida', provocam em mim a verdadeira alegria, e a espontaneidade real de um sorriso?";

– "Que Força Maior me acompanha e renova minhas energias; me traz a plenitude e a compreensão da existência humana?".

Agora, assuma como realidade já concretizada as escolhas que fez, usando todos os sentidos (vendo, ouvindo, sentindo...), e siga adiante, no rumo.

Caminhe devagar, vivenciando passo a passo cada opção que selecionou, à medida que forem se consolidando na sua visualização, até se sentir completo.

Procure compreender suas escolhas. Pense no que "Ser Completo" significa para você, numa palavra, e guarde-a na memória.

Lembre-se desta palavra a cada desafio ou mudança que precisar enfrentar, fortalecendo-se para agir.

Este contato ajudará você a liberar o fluir natural da sua vida e expressão, nas suas conquistas.

Pense em você como um ser único, original, uma pessoa de valor e renovada. Assim, a maneira como você se percebe, e é percebido, terá novo e positivo significado, naturalmente.

Flores – Rockport; Maine, EUA

*"Eu quero expressar meus sentimentos
tanto quanto ilustrá-los...
Eu posso controlar o fluir da pintura:
aqui nada é acidental,
assim como não há qualquer começo ou fim."*

Jackson Pollock

Uma lembrança para toda vida

Estávamos na Faculdade e essa amiga querida, uma colega de classe, me chamou para lhe fazer companhia durante uma entrevista.

Ela estava determinada a ser jornalista (e conseguiu) e, já naquela época, ainda estudante de Letras, fazia trabalhos *free lancer* para uma revista (bastante conhecida).

Eu ainda não trabalhava e aproveitava o maior tempo possível para fazer tantas disciplinas quantas pudesse; então, passava quase dias inteiros em Niterói, com espaços vazios entre uma aula e outra.

O local era perto do prédio em que estudávamos e fomos andando até lá. A entrevista era com um desenhista gráfico e a matéria tratava do seu trabalho.

Quando "olho para dentro" consigo ter vislumbres embaçados da sala, da minha amiga fazendo anotações, e do desenhista.

De tudo o que foi dito e conversado, eu guardei uma lembrança que trago comigo até hoje e me provocou a estudar as cores com maior interesse: a paixão com que ele falou sobre elas.

Foi um assunto intrigante, e uma sementinha que se instalou profundo na minha alma de artista, ficou lá, adormecida, esperando o momento certo para brotar.

No período em que me dediquei exclusivamente às artes, estudei muito sobre o assunto; a sementinha despertou e floresceu no colorido das minhas telas.

Além das composições que crio com os esquemas cromáticos que aprendi, o estudo das cores "me deu asas para chegar pra lá de longe" (como disse antes).

E assim continuo... visitando outras dimensões a partir de uma lembrança, para toda vida.

A COR ESTÁ EM NÓS

> *"A cor está em nós e não fora de nós."*
> Leonardo da Vinci

Explicado de forma bem simplificada: nossos olhos captam uma pequena faixa do chamado "espectro solar" (ou espectro eletromagnético). Essa faixa de luz chega ao fundo do olho onde é decomposta em três grupos de comprimento de onda, que são transmitidos à parte posterior do cérebro, onde se processa a sensação cromática.

A cor se comunica conosco numa linguagem própria e, através dela, recebemos informações que evocam sensações e sentimentos.

Dessa forma, ela afeta nossa vida, pois a cor é emocional; e pode ser também muito mais...

O corpo humano, como um ser energético, precisa manter suas ondas vibratórias em harmonia com a natureza, aproveitando todas as reais possibilidades de se fortalecer.

As cores, que chegam até nós pela irradiação da luz, são parte desta natureza, e sua boa energia, aproveitada na forma e medida certas, pode alimentar nossa Força Vital.

Assim como tiramos benefício das ondas sonoras, conseguimos fazer o mesmo com as vibrações energéticas das cores, que podem ser absorvidas e distribuídas através de áreas específicas em nossos corpos, os centros psíquicos (ou *chakras*); nos quais eu já falei e sobre os quais você pode pesquisar mais.

Além disso, cada cor tem sua função energética particular e provê uma manifestação visível na nossa aura, algo que podemos utilizar para o nosso fortalecimento.

À LUZ DO ARCO-ÍRIS

Costumo fazer este exercício à noite, pois relaxa e ajuda a dormir. Sinto maior facilidade em visualizar as cores sobre meu corpo estando deitada; então, vou conduzir esse relaxamento como se assim fosse.

Respire profundamente, como num looongo suspiro. Faça isso por três vezes, acalme-se e relaxe, respirando com naturalidade.

Com os olhos suavemente fechados, perceba seus pés e suas mãos, fazendo movimentos leves. Dê uma leve sacudida nas pernas e deixe que elas fiquem ligeiramente separadas.

Faça o mesmo com os braços, afastando-os do corpo. Se for melhor para você, dobre um pouco os cotovelos e apoie as mãos sobre as coxas.

Apoie o pescoço num travesseiro baixinho, procurando manter a cabeça no mesmo nível do corpo. Relaxe seu rosto liberando toda tensão da face, do queixo, da testa, dos olhos...

Deixe seu corpo descansar, abandonando todo o seu peso sobre o colchão... Então, com seu "olhar interior" visualize um arco-íris.

Perceba como ele é etéreo e suas cores são suaves, claras e esbranquiçadas — é muito importante que você assim as veja, e use.

Nesse momento, diga, silenciosamente: "com a proteção divina, que a energia das cores que agora recebo encontre seu caminho e equilibre o meu Ser, na medida certa que eu preciso".

Então, uma faixa de luz da cor vermelha, (clara e esbranquiçada), suavemente se projeta do arco--íris e se espalha sobre a região na base da sua coluna.

Sinta estas vibrações fortalecerem o seu corpo na raiz, trazendo com elas uma sensação de completo bem-estar, e aproveite esse momento.

Veja uma luz laranja, bem clara, que se desta-ca, e se irradia na área abaixo do seu umbigo. Receba com alegria essas ondas criativas e inspiradoras, fazendo fluir de forma equili-brada seus relacionamentos.

Visualize, então, uma faixa de luz amarela que se reflete na altura do seu estômago, clarinha, sobre o plexo solar, a região do seu corpo que recebe e emite energias. Ela aquece e cuida das suas aflições e das influências psíquicas que por aí vagueiem.

Vinda do arco-íris, você percebe uma luz de cor verde, clara e suave, projetando-se em ondas sobre seu peito. Ela acalma o coração e ameniza sua respiração.

Experimente essa força de amor vibrar com a Natureza Universal ao seu redor, harmonizando você, por fora e por dentro.

Sinta, então, uma faixa de cor azul de tom claro iluminando a base do seu pescoço, alcançando a garganta e o nariz. Ela é o porta-voz da prosperidade, o azul-celeste que reflete o resultado das suas ações. Permita-se comungar com a vida à sua volta; fale e respire através da natureza.

Visualize agora um azul de tom mais escuro; uma luz que se espalha na região da sua testa. Essa vibração carinhosa influencia e acentua a sua percepção. Você experimenta ver e ouvir mais, e além.

E então, uma faixa de cor violeta-azulada desprende-se do arco-íris, e sua onda etérea luminosa reflete-se sobre o topo da sua cabeça.

Vivencie esse momento de integração com seu Deus Interior; a felicidade de se sentir em união com o Universo; a expansão da sabedoria da alma.

Mantenha-se calmo e relaxado enquanto as ondas vibratórias das cores alimentam o seu corpo; e deixe-se guiar pelas diversas sensações que consegue perceber.

Diga, silenciosamente: "agradeço as bênçãos que aqui recebi e que a energia das cores tenha encontrado seu caminho e equilibrado o meu Ser, na medida certa que eu preciso".

Aceite que o sono reparador se apodere de seus pensamentos... e durma.

Lago junto à Potala – Lhasa; Tibete

O Olhar Interior

Hoje eu tive um *insight* – descobri, uma vez mais, que me amo, e me quero bem.

No final dos anos 1970 eu ainda fumava; e isso já durava bem uns dez anos. Se alguém me dissesse para parar de fumar, que aquilo fazia mal à saúde, eu me aborrecia.

Aquela era uma opção minha e eu curtia com prazer o meu cigarro.

Todo aquele ritual de abrir o maço, bater no fundo, umedecer a ponta do filtro (para não colar no lábio), procurar o isqueiro na bolsa (tinha que ser um isqueiro maneiro, da minha cor favorita)...

Esses e outros eram momentos especiais, mágicos, que faziam parte de quem eu era, do que eu representava (talvez literalmente) e não me importava se diminuía meu tempo de vida ou não – eu era jovem, tinha todo o tempo do mundo!

Como ia dizendo, era o final dos anos 1970 e eu estava chegando na terceira juventude. Eu tinha um amigo querido que, de vez em quando, após o trabalho, me dava carona para casa. Ele era radioamador e, no caminho, ia conversando com outras pessoas pelo rádio através de toda aquela aparelhagem que havia no seu carro.

Na minha família (que eu me lembre) havia pelo menos três que também eram radioamadores e eu conhecia de perto todo aquele fascínio, assim como hoje estamos todos fascinados com os contatos na internet.

Mas esse não é o assunto da minha história. Um dos motivos de estar ligado no rádio era o fato de que seu pai, um fumante de muitos anos, estava doente por conta do cigarro e, de repente, sofria crises de falta de ar que o levavam às pressas ao hospital; e esse meu amigo precisava estar sempre alerta e sintonizado. Algum tempo depois soube que numa dessas crises ele não resistiu.

Certa noite, ao me deitar para dormir, ainda naquela época, senti meu peito formigar e ouvi um "fuimmm", para dentro e para fora, cada vez que eu respirava.

Comecei então a lembrar nas ocasiões em que tentei dar uma risada gostosa, ampla, e não consegui. Das vezes em que pensei em correr, ou andar mais rápido, para chegar a algum lugar, e desisti. Ou de quando precisei de fôlego para mergulhar e nadar, e não encontrei.

Percebi, naquele instante, que até falar cansava, doía, e me levava à tosse; e, então... lembrei do pai do meu amigo.

Lembrei ainda que eu gostava de rir, com vontade; gostava de me exercitar; e gostava muito, muito mesmo, de nadar no mar.

Mas, lembrei também, que se a opção é minha eu posso mudá-la. Aí, perguntei a mim mesma: "De quem você gosta mais, de você ou do cigarro?".

Pessoas param de fumar por diferentes motivos e das maneiras mais diversas; cada uma encontrou aquela fórmula ideal que serviu para si (acupuntura, adesivo, bala, força de vontade, fé, doença...) – eu encontrei a minha.

Hoje, num dos meus "momentos especiais" da manhã, entre acordar e "estar desperta", naquele período em que me deixo receptiva a percepções, tive um *insight* como o daquela noite em que descobri que me amo, e me quero bem. Só que o assunto agora é "comida", e esta é uma outra história.

Acessando energias

Vira e mexe decidimos tomar atitudes que, num "passe de mágica", jogamos lá para o fundo da memória e fazemos desaparecer da nossa lembrança.

Quando nos damos conta – "bum" – "já escorregamos no sabão", como se poderia dizer.

O que realmente acontece que "empurra" essas decisões para o limbo da nossa mente, e nos faz agir diferentemente daquilo que nos propomos?

Como posso acessar e me comunicar com essa parte de mim tão "desobediente"?

É possível que você já tenha ouvido algumas explicações; lido, ou conversado com alguém sobre isso (eu já); mas, racionalizar sobre o assunto não é o que faremos aqui.

Afinal...

DE QUEM VOCÊ GOSTA MAIS?

Para começar fique de pé, braços soltos ao longo do corpo, pernas ligeiramente separadas para equilibrar; deixe os ombros descansarem, e relaxe.

Pergunte-se: "que comportamento é esse que me assombra, trava, e me impede de prosseguir?".

Use o seu "olhar interior", espere e ouça com atenção a resposta que surge quase instantânea, e guarde-a com você.

Faça-se uma nova pergunta: "se meu comportamento tivesse forma, como ele seria?".

Imagine essa forma na sua frente e prepare-se, então, para interagir com ela, tranquilamente.

Aqueça suas mãos esfregando uma na outra para gerar energia. Afaste as mãos e visualize entre elas uma esfera dourada.

Repare que esta é uma esfera de energia; você vê através dela.

Nesse momento, você percebe que sua esfera vibra e começa a crescer, a tal ponto que consegue envolver, por completo, esta forma-comportamento que está à sua frente.

Enquanto ela está aí, banhada pela energia vibratória dourada da sua esfera, use novamente seu "olhar interior".

Respire fundo e traga, do lugar mais profundo do seu ser, seu sentimento mais forte de ternura.

Permita que essa ternura expresse-se como energia e flua, através de suas mãos, até alcançar a forma-comportamento na esfera dourada.

Observe qualquer mudança que consiga perceber quando você a envolve com sua ternura.

Concentre-se outra vez em si mesmo, e desta vez certifique-se de estar carregado daquela ferocidade que impulsiona você à ação — sua determinação.

Deixe que essa energia propulsora venha, lá de dentro, e espalhe-se por seus braços, alcançando e abraçando sua forma-comportamento na esfera dourada.

Observe as mudanças que já consegue perceber.

Volte-se mais uma vez para o seu próprio interior. Procure, encontre e traga à tona — sua alegria, seu senso de humor; aquilo que faz você rir de si mesmo.

Ofereça, com um sorriso, esta nova energia à forma-comportamento na esfera dourada, tenha certeza de que ela recebeu suas vibrações de alegria.

Observe os claros sinais de mudança, facilmente percebidos.

Agora que sua forma-comportamento está repleta e renovada com sua ternura, força e alegria; aproxime-se dela.

Abaixe os braços e dê um passo à frente — entre na esfera dourada e partilhe dessa renovação.

Vivencie esse momento de comunhão e conhecimento, sentindo-se pleno de recursos e pronto para lidar com novas situações, de forma integrada.

Mantendo essa certeza com você e, no seu tempo, retorne ao espaço físico em que está agora.

Museu de Arte Moderna – Frankfurt; Alemanha

Onde está sua atenção?

A todo momento encontramos oportunidades de extrair inspiração do ambiente ao redor; apenas nos descuidamos e as deixamos passar.

Seja qual for o motivo, na maioria das vezes, acreditamos que conhecemos nosso espaço tão bem, e estamos por ali com tanta frequência, que simplesmente não damos atenção.

Certa ocasião, contando sobre como uma estrada por onde eu havia passado, na véspera, era bonita, ouvi o seguinte comentário: "mas ela está tão esburacada!". E, mesmo com certo receio de magoar a pessoa, retruquei: "eu não estava olhando para o chão.".

Encontramos inspiração em qualquer coisa que esteja por perto, desde que nos dediquemos a apreciar aquilo que vemos, independentemente do que seja – como a força de uma formiga carregando sua folha.

Podem ser montanhas e vales, uma nuvem de formato estranho, a cor do céu, o movimento ritmado de uma pequena folha soprada pelo vento ou o zumbido das asas de um beija-flor.

Ações, formas, cores, perfumes e sabores, quando percebidos e observados, remetem-nos a lembranças, provocando as mais diversas emoções (sensações e sentimentos).

Uma pedra sobre a qual incide a luz do sol da manhã é diferente à tarde, e torna-se outra pedra.

Um olhar que captamos ao andar pela rua pode nos acompanhar pelo resto do dia.

Essas interações espontâneas geram troca de energia, e existe poder nisso.

Quando mantemos nossos canais abertos, e atentos, conectamo-nos com essas vibrações energéticas infinitas existentes na própria criação, da qual somos parte.

A experiência pode durar apenas um segundo, mas seu efeito permanece.

Existe uma forma simples de você se beneficiar dessas interações naturais, encontrar suas respostas pessoais, ao mesmo tempo em que revitaliza seu corpo e se fortalece.

MEDITAR ANDANDO

Antes de sair andando, feche os olhos e pergunte-se:

"O que espero conseguir neste caminhar?".

Sua escolha pode ser simples, como experimentar o prazer da caminhada e energizar sua aura.

Ou ativar sua mente e gerar ideias espontâneas; encontrar resposta a uma pergunta específica; ou conseguir algo legítimo que deseje...

É importante que você vivencie sua resposta, considerando o que quer com todos os detalhes que conseguir reunir (vendo, ouvindo, sentindo).

Coloque roupas e calçados confortáveis e faça sua caminhada por um lugar familiar e seguro, em que possa se abstrair e apreciar o ambiente à sua volta.

Está pronto?

Deixe que seu objetivo repouse em sua mente. Ande num ritmo leve, percebendo e sentindo o poder dessa energia disponível na natureza.

Lembre-se de respirar, inspirando essas boas vibrações que são partilhadas graciosamente com você.

Diga para o mais profundo do seu Ser: "eu percebo o milagre da vida da qual faço parte; e estou em união cósmica com plantas, animais, pedras, e riachos; a areia, o mar, as nuvens, e quaisquer outros elementos que encontre pelo caminho".

Assimile essa força poderosa enquanto anda, e deixe que ela se comunique carinhosamente com você.

Conforme caminha, permita que essa conversa entre vocês povoe seus pensamentos, fluindo naturalmente; registrando na memória tudo que surgir.

(escreva se quiser; mais tarde compreende e descobre para que serve; e utiliza a mensagem, ou não).

Ao terminar seu passeio, sinta como está fortalecido. Recorde-se do que o levou a essa jornada, e reafirme seus objetivos.

Mantenha em você esta fonte inesgotável de energia, carregando sua bateria sempre que precisar.

Caminhe com outras pessoas, a qualquer hora. Troque impressões sobre suas interações e experiências.

Cais e barcos – Lagos; Portugal

De volta à infância

Havia um cais; um cais numa enseada onde, um dia, pescadores portugueses agruparam-se e chamaram de Colônia.

Já naquela época em que eu devia ter uns oito anos de idade, pouco restava da Colônia dos Pescadores, e poucos eram também os barcos.

Mas o cais continuava lá, resguardando aqueles poucos heróis que ainda estavam por ali. E a nós também, crianças que se reuniam em pequenos "bandos" e se lançavam nas águas, pouco sabendo nadar.

Nesta matéria eu estava engatinhando. Mal sabia nadar "cachorrinho" na beira da praia, onde meus pés alcançavam o fundo de areia macia, sempre que precisava.

Mas, naquele dia eu estava lá! Com as outras crianças eu olhava de perto e tomava coragem para me lançar.

O cais tinha uma grande rampa em frente, fazia uma curva por dentro para a esquerda formando um abrigo para embarcações menores; mas era reto por fora. Ao final desta reta, bem na ponta, havia uma escadinha para um plano mais baixo onde uma pedra chata, como uma plataforma (que para mim parecia grande), estava sempre coberta pelas águas calmas da baía.

Nós éramos poucos aproveitando a manhã ensolarada. Devia ser um domingo ou período de férias, para estarmos ali, naquele horário.

À tarde o mar ficava agitado por causa da "viração" (hora em que o vento muda de direção) e só os "iniciados" (que já sabiam nadar de braçada) arriscavam-se a mergulhar.

Naquela manhã, então, de calmaria e sol quente, eu estava lá, com a água pelos joelhos e sobre a pedra, preparando o espírito para me "iniciar".

De repente, num impulso (e com incentivos é claro), eu me lancei ao mar!

Este momento mágico, em que experimentei a sensação de dominar meus medos, me desprender do chão, e flutuar sobre as águas, não apenas faz parte de mim até hoje, ele é parte de mim.

Está nos quadros que eu pinto, nas "ondas" do trânsito em movimento quando estou dirigindo, no lugar que escolhi para voltar à natureza.

Agora, enquanto escrevo, eu me lembro de que moro na montanha, quase cercada pela floresta.

Quando caminho por aqui, me energizo com a mata, subo e desço pelos recortes do terreno, encontro equilíbrio e serenidade nos tons de verde das plantas, e abraço o mistério do desconhecido na penumbra da neblina que me envolve enquanto o dia se prepara para despertar.

Esses são o que podemos chamar de "pontos de atração de poder" – momentos, lugares, objetos e formas com os quais interagimos espontaneamente; que nos energizam e passam a fazer parte de nós, ser parte de nós, assim como nós somos parte deles.

Então, compreendo a magia:

eu assimilo sua energia

e guardo na lembrança;

e a energia contida na lembrança

fica comigo e me fortalece.

Paisagem Andina – Chile

"O homem é um pedaço do universo cheio de vida."

Ralph Waldo Emerson

O SER ENERGÉTICO

Como parte integrante da natureza cósmica, compreende-mos que somos um Ser Energético. Vista da maneira apro-priada, esta energia que emana do nosso corpo (no formato de aura) pode ser observada e registrada.

Como força de vida universal infinita, e extensão natural do nosso EU Superior, a aura pode ser percebida como a essência da nossa existência – "a centelha divina em nós".

Ao interagir com outras fontes de energia, ela pode en-fraquecer ou se fortalecer, conforme a natureza dessa interatividade.

Situados no nosso Ser há centros dinâmicos de força que alimentam nosso Ser Total (mental, físico, e espiritual).

Estudiosos desse assunto explicam que, com alguns exer-cícios específicos, temos a capacidade de fortalecer nossa energia vital de forma consciente.

Uma vez fortalecidos, geramos energia positiva para tudo e todos ao nosso redor, criando um círculo virtuoso de bem-estar geral.

Quando nos esforçarmos para fazer do mundo um lugar melhor, impregnamos de uma energia brilhante o campo vibratório que emana de nós. Somos irradiados por uma força luminosa que se multiplica em sensações de bem-estar, eleva nosso autoconceito, traz harmonia e equilíbrio à nossa vida e provoca em nós aquele sentimento verdadeiro de amor ao próximo.

FORTALECENDO SEU SER ENERGÉTICO

Obs.: este é um exercício forte, logo, é interessante que sua alimentação tenha sido leve e você esteja sereno neste dia. Escolha um momento tranquilo em que possa estar totalmente livre de interrupções. Converse com as pessoas próximas e explique como é importante não ser interrompido. Esteja à vontade para convidar quem queira partilhar esse momento com você.

Comece com um relaxamento.

Sente-se confortavelmente, recoste-se, estique o corpo, e apoie suas mãos sobre as coxas (palmas para cima); inspire e expire naturalmente.

Mantenha sua mente livre de pensamentos enquanto relaxa seu corpo; desta vez, da cabeça para os pés.

Comece com o couro cabeludo, relaxe os músculos da face, solte o queixo, (mantenha a língua naturalmente encostada ao palato), relaxe o pescoço, ombros, braços, e mãos.

Deixe o tronco descansar, a cintura, os quadris, coxas, joelhos, pernas e pés.

Observe seu corpo, liberando qualquer tensão que ainda exista, e sinta que está relaxado.

Suspire profundamente, faça uma pequena pausa, e libere o ar vagarosamente, por três vezes; voltando a respirar naturalmente.

Dedique um tempo para agradecer as bênçãos que está para receber.

Perceba, então, um forte brilho de luz rosa-claro projetando-se das profundezas do seu Ser e irradiando-se do seu centro de amor, na área do coração.

Envolvido carinhosamente no calor desse abraço de luz, você se sente revigorado enquanto ele alcança o máximo da sua força.

Esse brilho de luminosidade intensa vai aos poucos se espalhando por todo o seu corpo.

Deixe que essas centelhas luminosas aliviem qualquer tensão, ou ponto fraco; e permita que elas aí se instalem, equilibrando suas células e recompondo a região.

Refeito e relaxado, sinta-se em comunhão com a harmonia fortalecedora da luz do amor e da paz.

Banhado pelo brilho amoroso da luz rosa, vivencie sua interação com essa força de energia positiva, e agradeça as bênçãos que acabou de receber.

Aproveite, então, esse momento único de interiorização, e generosamente decida partilhar a suave beleza da sua luminosidade.

Libere, mentalmente, suas bênçãos, expandindo, aos poucos, essa força de luz energética, de forma que ela consiga cobrir todo o nosso planeta...

... partindo de você até seus vizinhos, seu bairro, sua cidade, seu país... espalhando-se por todo o globo.

Partilhe com o mundo as boas vibrações de que você está carregado. Mantenha esse contato ainda por algum tempo, enviando pensamentos de amor, harmonia, prosperidade e paz... a todas as pessoas, por toda parte.

Inspirando e expirando, naturalmente.

Continue sentado até que esteja pronto para se movimentar vagarosamente, e possa retornar refeito às suas funções habituais.

A Grande Muralha – Pequim; China

A ENERGIA EM MOVIMENTO

"Kung fu: trabalho duro em tempo integral para
adquirir habilidade.

Um pintor pode saber kung fu.
Ou o açougueiro que corta a carne todo dia
com tanta habilidade que sua faca nunca toca os ossos.

Aprenda a forma, mas busque o que não tem forma.
Ouça o que não tem som.
Aprenda tudo e, então, esqueça tudo.

Aprenda o caminho e, então,
encontre o seu próprio caminho.

O músico pode saber kung fu.
Ou o poeta, que pinta quadros com palavras...
e faz chorar imperadores.

Isso, também é kung fu.

Mas, não dê nome a ele, meu amigo,
porque ele é como a água.
Nada é mais mole do que a água.
No entanto, ela pode dominar uma rocha.
Ela não luta. Ela flui ao redor do seu adversário.
Sem forma, sem nome...

O verdadeiro mestre reside no seu interior.
Apenas você pode libertá-lo."

(recitado por Jackie Chan e Jet Li no filme O Reino Proibido)

– KUNG FU –

Quando estive na China ela ainda estava intocada (fevereiro de 1988) – poucos turistas estrangeiros eram aceitos em seu solo. Éramos um grupo de sete pessoas, dos lugares mais diversos: eu e meu marido do Brasil, um casal da Groenlândia, uma moça da Nova Zelândia, e duas senhoras americanas amigas e professoras (uma delas morava na China e dava aulas lá).

O dia que nos levaram para visitar a Grande Muralha (na região de Pequim) era feriado e o teleférico não estava funcionando, então, tivemos de subir mil degraus de escadaria acima (segundo o guia) até chegar; mas valeu o esforço e a emoção, pois naquele dia, só nós estávamos lá na muralha, e, por sorte, não estava nevando.

Afora as peculiaridades da cultura (na época ainda muito fechada), os hotéis eram excelentes e visitamos tudo o que deu para ser visitado em 18 dias intensos, nos deslocando por diferentes cidades; foi uma aventura e tanto.

Anos depois assistindo, pela terceira vez, um filme passado na China, descobri que estava suficientemente "presente" para "ouvir", realmente, uma passagem que não tinha me dado conta antes de sua profundidade e beleza.

Percebi que das outras vezes em que assisti àquele filme, eu estava atenta ao "balé da luta", focada apenas no meu sentido da visão. Desta vez, foi a "música das vozes" que atraiu minha atenção.

Não sei sobre o mérito do texto, mas pelo encantamento que ele me causou, eu o compartilhei aqui com você (p. 109).

— TAI CHI —

Houve uma época em que morei perto de uma igreja católica da comunidade chinesa, aqui no Brasil. A construção era simples, como são as igrejas atuais, e com pé-direito alto.

No alto da fachada externa havia um detalhe em mosaico retratando José ao lado de Maria, que estava sobre um burrico, com o menino Jesus ao colo.

Mas, o que chamava a atenção de quem observava era o fato de que a Sagrada Família era totalmente oriental – suas feições, cabelos, vestimentas, postura etc.

Aos domingos, a comunidade à qual a igreja era vinculada lotava o recinto; a calçada e a rua enchiam-se de movimento, sons, aromas e cores – uma festa!

Durante algum tempo foram oferecidas aulas de *tai chi* aos sábados, pela manhã. Eu não perdi tempo e, com meu marido na carona, começamos a frequentar o grupo – tão heterogêneo quanto só um punhado de brasileiros poderia ser, naquela circunstância.

Antes de começar a prática do *tai chi*, fazíamos vários exercícios leves, para alongamento e aquecimento. Para nossa boa sorte e agradecimentos do nosso corpo, aprendemos bem e continuamos a praticar toda a série do aquecimento que nos foi ensinada.

Faltaram oportunidades de continuar o *tai chi*, porém, até hoje (e posso contar muitos anos), nós fazemos os exercícios que precediam o aprendizado principal. Não só pelo prazer ou pela boa lembrança; mas porque eles nos têm mantido "inteiros e leves".

Experimente... nas manhãs folgadas; quando sentir o corpo cansado de estar sentado à frente de um computador, ou de dirigir em trânsito pesado; e, principalmente, para "liberar" a energia extra, absorvida após uma meditação forte.

Esse conhecimento eu estou passando, agora, para você.

EXERCÍCIOS FÍSICOS PARA MOVIMENTAR ENERGIA

Eu costumo fazer sete movimentos de cada exercício, para cada lado, sem pressa; decida você o seu limite. Em apenas 20 (ou 30) minutos, você faz toda a série.

Use roupas confortáveis, que não impeçam os movimentos.

1.) Tocar no corpo girando a cintura e os ombros:

Fique de pé, com as pernas ligeiramente afastadas, distribuindo seu peso igualmente nas duas pernas.

Gire o ombro e a cintura, torcendo o corpo para a esquerda. Toque o ombro esquerdo com a palma da mão direita, e o rim direito com as costas da mão esquerda.

Inverta o movimento: gire o ombro e cintura e torça o corpo para a direita — toque o ombro direito com a palma da mão esquerda, e o rim esquerdo com as costas da mão direita.

2.) TOCAR NO CORPO CURVANDO-SE PARA FRENTE E PARA TRÁS:

Fique de pé; com as pernas ligeiramente afastadas, e o corpo solto.

Incline-se um pouco para a frente, com os braços soltos, e curve o corpo para trás.

Toque os ombros com as palmas das mãos.

Flexione o corpo para a frente, trazendo os braços com as palmas voltadas para baixo.

Dobre os braços curvando o corpo até que as costas das mãos encostem-se aos rins.

3.) Tocar no corpo inclinando-se para os lados:

Fique de pé; com as pernas ligeiramente afastadas, e firmes.

Incline lateralmente para a direita, levando o braço esquerdo sobre a cabeça, com a palma da mão voltada para cima.

Ao mesmo tempo, movimente o braço direito para trás, de forma a encostar as costas da sua mão direita no rim esquerdo.

Faça os mesmos movimentos na direção contrária.

4.) Girar para os lados com os braços abertos:

115

Fique de pé; com os pés juntos, e firmes.

Erga os braços lateralmente, na horizontal, e esticados, com as palmas das mãos para baixo.

Gire o corpo para a esquerda, levando o braço esquerdo para trás e trazendo o direito para frente.

Inverta o movimento, girando o corpo igualmente para o outro lado.

5.) Flexionar a cintura abaixando-se lateralmente:

Fique de pé; as pernas juntas; levante os braços esticados para os lados.

Incline o corpo para a esquerda abaixando o tronco até tocar o pé esquerdo com a palma da mão direita; ao mesmo tempo em que o braço esquerdo estica-se verticalmente para cima.

Volte à posição central tomando impulso para o outro lado, e repetindo o movimento, agora, para a direita.

6.) FLEXIONAR O PESCOÇO:

Fique de pé; com as pernas juntas, e os braços ao longo do corpo.

Com o pescoço solto (relaxado), deixe a cabeça tombar para a frente, voltar ao centro, e tombar para trás.

Faça o mesmo, inclinando a cabeça para o ombro direito e, depois, para o esquerdo.

Com a cabeça ereta, vire para a direita e olhe na direção do ombro. Passando pelo centro, faça o mesmo para a esquerda.

Gire a cabeça lentamente, dando voltas no sentido horário e depois gire para o sentido anti-horário.

7.) Girar os ombros:

Fique de pé; pernas juntas, costas retas, e os braços ao longo do corpo.

Gire os dois ombros ao mesmo tempo, rodando-os para trás.

Faça o mesmo movimento na direção contrária.

8.) Levantar e abaixar os ombros alternadamente:

Fique de pé; com as pernas juntas, e firmes.

Abaixe o ombro direito, como se estivesse empurrando com a palma da mão para baixo; ao mesmo tempo em que levanta o ombro esquerdo com a mão reta.

Faça o movimento igualmente para o outro lado (esquerdo).

9.) Girar os braços:

Fique de pé; com as pernas juntas, e o corpo solto.

Gire o braço direito, fazendo um círculo da frente para trás; acompanhe a direção do braço com a cabeça.

Depois, gire o braço de volta fazendo um círculo no sentido inverso.

Faça os movimentos igualmente do outro lado (esquerdo).

10.) Girar pela cintura:

Fique de pé; com as pernas juntas, e as mãos apoiadas na cintura.

Movimente os quadris, pela cintura, girando no sentido horário (quadril direito).

E, depois, no sentido anti-horário (quadril esquerdo).

11.) Girar os joelhos:

Fique de pé; pernas juntas, e as mãos apoiadas nos joelhos.

Flexione os joelhos, girando em círculo, no sentido horário.

Faça o mesmo movimento na direção anti-horário.

12.) Girar os pés:

Fique de pé; com as pernas juntas, e as mãos apoiadas na cintura.

Coloque seu peso na perna esquerda e estique ligeiramente a perna direita, de forma a poder girar o pé no sentido horário, e depois no sentido anti-horário.

Depois, estique e encolha a perna, dobrando também o pé. Faça estes mesmos movimentos com a perna esquerda.

13.) Chutar:

Fique de pé; pernas juntas.

Coloque seu peso na perna direita. Dobre ligeiramente a perna esquerda apoiada na ponta do pé.

Com os braços levantados, prepare-se para dar um passo à frente.

Dê um passo à frente com a perna esquerda, ao mesmo tempo em que desce os braços para ganhar impulso e chuta com a direita até que ela fique esticada.

Faça esses mesmos movimentos com o outro lado.

14.) GIRAR O CORPO:

Fique de pé; com as pernas juntas e retas, e o corpo bem solto.

Incline o tronco para a frente com os braços soltos para baixo e gire o tronco para a esquerda, fazendo um círculo completo.

Repita o movimento girando para a direita.

15.) EMPURRAR O CÉU:

Fique de pé; pernas juntas, costas retas, e braços ao longo do corpo.

Vire as palmas das mãos para fora e levante os braços, formando um arco sobre a cabeça.

Sem tirar o calcanhar do chão, agache o corpo, dobrando os joelhos o máximo que puder.

Levante o corpo (ainda com as mãos sobre a cabeça).

Com as palmas para cima, estique os braços para o alto "empurrando o céu", ao mesmo tempo em que fica nas pontas dos pés.

Desça o corpo com os dois braços fazendo um círculo no ar e se cruzando em frente ao peito. Recomece um novo ciclo.

16.) O ARQUEIRO:

Fique de pé; pernas afastadas. Dobre os joelhos, e agache-se um pouco, com as costas retas.

Flexione o braço direito, com os dedos indicador e médio esticados como flechas.

Coloque o peso do corpo sobre a perna esquerda, esticando o braço direito e dobrando o cotovelo esquerdo para trás, com as mãos fechadas, como se puxasse um cordão de arco.

Volte à posição original encolhendo os braços e com as mãos fechadas.

Faça os mesmos movimentos, mas invertendo a posição.

17.) OLHAR O CALCANHAR:

Fique de pé; pernas juntas, costas retas e braços ao longo do corpo.

Inclinando o tronco para trás, procure olhar, por sobre o ombro esquerdo, o seu calcanhar direito.

Olhe, por sobre o ombro direito, para o calcanhar esquerdo.

18.) Abrir e dobrar o peito:

Fique de pé; pernas juntas, braços abertos, palmas para a frente.

Olhe para o lado direito enquanto dobra o peito, procurando encostar a palma da mão direita na esquerda. Estique os braços novamente (em T), abrindo o peito.

Dobre o peito enquanto olha para o lado esquerdo, procurando encostar a palma da mão esquerda na direita. Recomece.

19.) Colhendo água em concha:

Fique de pé; pernas juntas, braços ao longo do corpo. Abra os braços, inclinando o corpo para trás (inspirando).

Curve o corpo para a frente, encolha a barriga e dobre os braços na frente do peito até encostar os dois cotovelos e mãos em concha (expirando devagar).

Solte os braços e, num movimento contínuo, dobre os joelhos, levante o corpo e erga os braços até a cintura, abrindo e girando-os para trás (como no 1º movimento), reiniciando o ciclo.

20.) Abraçar as pernas com a cabeça nos joelhos:

Fique de pé; com as pernas juntas, e braços ao longo do corpo.

Erga os braços pelas laterais, com as palmas das mãos para cima, fechando em arco pela frente do peito.

Desça os braços pelo meio do corpo, palmas para baixo (empurrando), enquanto curva o tronco pela cintura e tenta encostar a palma das mãos no chão, sem dobrar os joelhos.

Segure os tornozelos e tente encostar a cabeça nos joelhos. Solte os braços e retorne à posição original.

21.) A tartaruga:

Fique de pé; pernas juntas, costas retas e braços ao longo do corpo.

Encolha vagarosamente a espinha, dobrando os joelhos e cotovelos, e "enterrando" o pescoço nos ombros.

Estique os joelhos, formando, com a espinha, um ângulo de 90°, levante o pescoço, olhando para a frente.

Mantenha os braços ao longo do corpo com as palmas das mãos para trás. Vire o pescoço para o lado esquerdo e para o direito.

Olhe para a frente, flexione os joelhos e retorne à posição original.

22.) O PÊNDULO:

Fique de pé; pernas um pouco afastadas, corpo flexível.

Com os braços soltos ao longo do corpo, incline-se levemente para trás.

Curve o corpo lentamente para a frente, com a cabeça levantada, e vá abaixando a cabeça até encostar o queixo no peito.

Com os braços soltos, levante o corpo e a cabeça devagar, e recomece o ciclo.

23.) O BALANÇO:

Fique de pé; pernas ligeiramente afastadas, braços soltos ao longo do corpo. Flexione os joelhos, curvando o corpo para a frente.

Estique o corpo devagar, girando-o para a direita e acompanhando o movimento com a cabeça para a direita.

Flexione os joelhos de novo, tome impulso, estique o corpo e gire para a esquerda, acompanhando o movimento com a cabeça para a esquerda.

Mantenha o ciclo em movimento.

Lago andino – Argentina

"Se podes imaginar, podes conseguir."

Albert Einsten

PENSANDO EM VOZ ALTA
(COM O "OLHAR INTERIOR")

No transcorrer de uma nova meditação, que aprendi, somos incentivados, por duas vezes, a pensar em um acontecimento feliz.

Entendo, então, que esse acontecimento feliz deva ser na nossa própria vida, e meu pensamento sai disparado em busca daquele momento especial em que possa dizer: "este foi um instante de felicidade que eu vivi".

Percebo, enquanto pratico, como é interessante esse processo de "procurar um evento feliz". Como os pensamentos automáticos apoderam-se da nossa mente e "fazem uma festa", se assim permitimos.

Você encontra algumas lembranças, escolhe uma e decide que vai guardar as outras para depois. A meditação prossegue, e então você percebe que "perdeu um pedaço".

"Bem, não importa (pensa), eu pego daqui."

Enquanto formula seu evento feliz, outros pensamentos insinuam-se e, agora, resolvem interferir na sua "felicidade".

Você escolheu aquele dia especial: o sol no rosto, o vento, a sensação maravilhosa de liberdade; muito bom!

Se você é otimista, fica por aí.

Acontece que algumas tendências de formato de pensamento, que convivem conosco, gostam de vir à tona e se intrometer.

E aquela quedinha de ir para o "outro lado" chega, sem pedir licença. Então, um pensamentinho enjoado aparece e fala no seu ouvido de desdobramentos desastrosos e incomodativos.

Observei que, a cada lembrança positiva, meu pensamento tendia a escapar e deslizar para algo negativo, dentro daquele contexto, contaminando minha boa lembrança.

Felizmente não eram pensamentos tão desastrosos ou terrivelmente assustadores. Aqueles deslizes, porém, tiravam o brilho e a alegria do "meu momento feliz", afetando no seu caminho toda a meditação; ferindo minha atenção.

Mas, afinal, se o pensamento é meu, eu posso cuidar dele. Com carinho, decido que vou passar uma borracha e apagá-lo, a cada aparição (quem sabe ele se cansa?).

Vou manter meu foco no que quero e transformar esse intruso em fumaça. Vou soprar e soprar até que ele se desvaneça, perca-se no espaço e desapareça.

Vou ficar com minha lembrança boa, nutrir-me dela.

Vou banhar-me na luz da minha estrela, e, fortalecida pelo amor do Ser Supremo, tornar-me luz eu mesma.

CHUVEIRO DE LUZ

Encontre um lugar tranquilo e livre de interrupções. Convide alguém para partilhar desta experiência, mas deixando algum espaço entre vocês.

Permaneça de pé. Deixe os braços soltos ao longo do corpo e as pernas ligeiramente afastadas, de forma a manter-se em equilíbrio, com naturalidade.

Inspire e expire fundo por três vezes, relaxe, solte os ombros, e respire pausadamente.

Sinta seus pés em contato com o solo, começando o processo de reconhecimento por aí.

Vá percebendo o seu corpo a partir das pernas, coxas, quadris, até a cintura... e relaxe.

Mexa sutilmente o tronco, os braços, mãos, dedos; e relaxe até os ombros.

Faça o mesmo com o pescoço, queixo, face e couro cabeludo. Sinta sua língua encostada ao céu da boca.

Deixe a cabeça ereta, sem tensões, não incline para cima ou para baixo.

Com os olhos suavemente fechados use o seu "olhar interior".

Visualize, então, em torno do seu corpo um campo de luz azul dando forma à sua aura. Este campo energético de luz envolve totalmente você, como um casulo.

Ele alcança bem acima da sua cabeça e bem abaixo dos seus pés. Certifique-se, na sua visualização, de que não haja falhas nesse campo.

Essa aura de luz azul protege você como um escudo transluzente que o envolve totalmente.

Visualize agora, acima da sua cabeça (por dentro da aura, mas livre e solta), uma esfera branca vibrante de energia, como uma estrela de raios fulgurantes.

Ela é sua conexão com o Ser Supremo; o resplandecer divino sobre nós.

Agradeça pela oportunidade de poder estar aí sob esta proteção, e mais a de qualquer outro Ser de bondade e amor da sua devoção (se quiser, faça algum pedido legítimo).

Então, visualize esta esfera radiante liberando sua luz branca, como uma chuva delicada que molha carinhosamente seu corpo.

Essa chuva de luz branca de brilho cintilante penetra em sua pele chegando até as células, impregnando você com seu amor e poder fortalecedor.

Sinta essa força de amor em você e permita-se aceitá-la. Veja sua cabeça iluminar-se, seu pescoço, ombros, tronco, braços, mãos, sua cintura e quadris, suas pernas, até os pés.

Perceba que todo o seu corpo resplandece com esta centelha amorosa e diga, silenciosamente: "eu sou luz; eu me amo e sou luz".

Fique com essa experiência por algum tempo.

Agradeça de coração pelas bênçãos que recebeu e prepare-se para retornar ao momento presente, mantendo acesa esta luz em você.

Comece a se movimentar lentamente, mexendo os dedos, as mãos, pálpebras... e vá voltando ao espaço físico em que se encontra, agora.

Ao agradecer basta dizer, silenciosamente:

· obrigado por poder estar aqui sob sua proteção; ou,

· obrigado pelas bênçãos aqui recebidas.

Árvore nevada – Flagstaff; EUA

PAPAI NOEL

Certa vez, próximo ao Natal, fui passar uns dias com minha prima (e irmãos mais novos), que ainda morava em São Cristóvão. Meu tio (irmão mais velho de minha mãe) ia nos levar para ver a chegada de Papai Noel na Quinta da Boa Vista – que fora parte dos jardins do palácio imperial.

A festa, porém, não era só aquilo; tinha muito mais – música, *shows* de circo e gente... muuuiiita gente; afinal, "ele" ia desfilar, em carro aberto, com todas as pompas que merece um "verdadeiro" Papai Noel.

Andamos por toda parte, em meio ao povo, que quando somos crianças nos parece mais numeroso e feroz. Mas, também como criança, e afoita – eu não tinha medo –, estava tão empolgada com todo aquele movimento que nada me intimidava. Sentia-me tão à vontade e segura, ali, como se estivesse no quintal de casa.

De repente alguém gritou: – "lá vem ele, lá vem o Papai Noel!". A multidão movimentou-se e, aos bocados, os grupos correram para todos os lados abrindo espaço para o carro passar.

É impressionante como a lembrança me vem em *flashes* e consigo ver em detalhes – o caminho pavimentado com cimento, o meio-fio, um morrinho à minha esquerda com uma grande árvore (apinhado de pessoas procurando um lugar alto para ficar)...

Quase três anos mais velha que a mais velha dos primos, embora ainda criança, eu não tinha mais idade para correr atrás de Papai Noel, mas foi exatamente o que eu fiz – afastei-me do centro da rua e, sem parar de correr, e sem pensar, continuei correndo com a garotada, perseguindo o enorme carro enfeitado em que estava Papai Noel.

Não sei em que momento resolvi parar e, então, me dei conta de uma verdade realmente verdadeira – "me perdi do meu tio".

Eu era afoita, mas não era tola, e nem tão criança assim que não soubesse raciocinar. Depois de algum tempo olhando em volta, pensei: "em algum momento eles vão ter que sair, e vai ser pelo portão que entramos; então é para lá que eu vou – esperar no portão até que eles passem".

Para a felicidade e tranquilidade de todos, ao me encaminhar para lá encontrei minha turma e soube que eles haviam me chamado pelo alto-falante (com meu cérebro a toda, eu não ouvi).

O que eu mais gostei dessa experiência e manteve esse episódio na lembrança foi não ter levado uma "bronca" e sim um elogio por meu raciocínio de ir para o portão – meu tio era uma pessoa especial.

"Quando se está perdido, o melhor a fazer é voltar ao começo."

REFRESQUE SUA MEMÓRIA

- Lembre-se de uma vez em que você fez algo muito bem feito.

- Lembre-se daquele dia em que recebeu um elogio merecido.

- Lembre-se da situação que enfrentou com coragem e não esmoreceu.

- Parabenize a si mesmo por uma realização vencedora que só você conhece.

Guarde essas memórias, e traga-as sempre com você.

Farol - Stageneck; EUA

Tomar do próprio remédio

"Só acaba quando termina"

Yogi Berra
(jogador e treinador americano de beisebol)

Muitas vezes ouvi pessoas que aos 45 anos acham que estão "muito velhas" e que está na hora de se aposentar. Elas acreditam que falta pouco para "o fim"; e agora o que resta é cortar grama, jogar dominó e cuidar dos netos.

Quando escuto essas coisas, confesso, eu fico um pouco agitada (para não dizer zangada). Espero, pacientemente, a pessoa terminar de falar e começo, eu, a "minha" ladainha.

Pergunto: "você já reparou que, hoje em dia, as pessoas estão vivendo até quase cem anos, ou mais?".

E continuo: "um bom tempo atrás, quando alguém fazia 100 anos virava manchete de jornal, na TV, se lembra?".

"Pois é; com tanto avanço na medicina e as pessoas ocupadas em se alimentar bem, fazer exercícios físicos e cuidar do espírito, a 'idade do fim' foi adiada para a frente."

"Tanto, que a idade de se aposentar no trabalho foi postergada. Fico imaginando quando eles vão mudar os cartazes dos bancos e ônibus para 70 anos, para diminuir as filas dos idosos!" – volto a atacar.

Então, lanço a minha arma mortal: "Considerando que a expectativa de vida atual está na faixa dos 90; dando um desconto, vamos pensar em 85; e já que você está nos 45..."

"... o que você pretende fazer nestes próximos 40/45 anos?"

É interessante ver o olhar de espanto dessas pessoas que não se deram conta de que só viveram metade de suas vidas, e que ainda existe uma outra metade para ser vivida, ativa.

A atividade pode ser feita de forma diferente, mas isso faz parte da evolução natural. Alegria, felicidade, desprendimento, bom humor, amor e aprendizado podem e devem fazer parte da nossa vida sempre.

Há os que se prepararam financeiramente e conseguem viajar, conhecer seu país e o resto do mundo. Outros aprendem algum tipo de arte, dança de salão, natação, computação básica, uma língua estrangeira, viajar na internet... e se divertem com isso.

Existem os que preferem fazer serviço comunitário de ajuda ao próximo. E alguns, mais espertos que outros, dedicam-se a todos os itens acima juntos, e ainda trabalham ativamente.

Então eu penso: "mas isso não é o mesmo que fazem os jovens?"

Não fazemos aos 15 o mesmo que fazíamos aos cinco e, muito menos, aos 30; mas, e por isso mesmo, não vamos nos tornar inativos aos 40 – vamos continuar gostando do que gostamos e, se for o caso, fazer de uma maneira diferente.

Resolvi, então, tomar do meu próprio remédio e, já passados os 50, voltei à faculdade, fiz especialização e vários outros cursos, desde então. Participei da criação de uma empresa e comecei uma nova profissão.

É intrigante observar, se estivermos atentos aos sinais e abraçarmos o novo, como as situações nos vão encaminhando e direcionando para seguirmos em frente (mesmo que pareça estranho).

Anos depois, estava preparando um exercício de automotivação e decidi fazê-lo eu mesma. Percebi que, no entorno de cada dez anos, eu fazia um "*upgrade*", subia um degrau na minha escala pessoal. Experimentava uma nova faceta da minha personalidade e mergulhava fundo, a cada experiência, porém mantendo-me fiel à minha tendência natural de educadora.

Ora, ora, já estava na hora de pular, mais uma vez! Procurei, dentre os assuntos de meu interesse aquele que pudesse me levar adiante, mais um degrau, e encontrei – lá estava eu, de volta à faculdade.

Não há como "saltar do bonde andando", não agora; a viagem continua e eu estou nela, enfrentando desafios, respeitando meus limites, mas em atividade.

Então eu pergunto: – "e você; o que pretende fazer nos próximos ___ anos?".

EM ATIVIDADE

Agora que você chegou nesse ponto da caminhada, prepare-se para uma nova etapa:

Vá para seu cantinho preferido. Relaxe seu corpo e sua mente.

Focalize sua atenção na respiração; o ar entrando... e saindo... No seu ritmo constante, naturalmente; pelo tempo que quiser.

Três suspiros profundos; a barriga expandindo; exalando o ar vagarosamente.

Com seu "olhar interior" procure se lembrar das coisas que mais gosta de fazer; que fazem você se sentir verdadeiramente feliz e realizado; que trazem um sorriso ao seu rosto e aquela sensação de "estar completo".

Escolha, nas suas lembranças, coisas que Você pode fazer para fazer Você feliz (de você, por você, para você); descarte todo o resto.

Agora decida qual, das mais importantes, é a mais importante e faça dessa escolha um objetivo.

Com isso no pensamento, visualize, então, seu objetivo alcançado, como algo real e concreto.

Vivencie esse momento agradável em que você supera barreiras, vence obstáculos e chega lá!

Sinta-se vivendo a sua escolha de ação; veja onde você está, perceba aromas, sinta sabores, ouça os sons e as vozes de pessoas que estejam à sua volta; converse com elas, aproveite essa sensação única.

Ela é a sua motivação, os motivos que vão levar você à ação.

Guarde consigo o que viu, ouviu e sentiu, e vá lentamente retornando ao momento presente, aí, no lugar em que está.

Mexa seus dedos, as mãos, pés, pálpebras; movimentando-se aos poucos até estar de volta, no aqui e agora.

Já de volta, e impregnado por essas imagens na memória, pegue caderno e lápis, ou organize uma planilha no seu computador e trace um plano de ação.

Pense, então, em como vai atender seu objetivo: que primeiros passos você precisa tomar? / e depois... o que vem em seguida? / do que você precisa para completar cada pequena tarefa que aparecer? / e como isso vai ser feito? / determine data para começar cada etapa / e data para terminar (ajuste, se não tiver opção).

Pergunte-se: "o que vai me indicar que estou no caminho certo?".

Corrija os rumos, busque alternativas, encontre os recursos. Pense aberto, pense grande. Comece, cumpra, e faça acontecer!

*"Ninguém pode voltar atrás
e fazer um novo começo;
mas, qualquer um pode recomeçar
e fazer um novo fim!"*

Francisco Cândido Xavier

Menino e mar – São Luís do Maranhão; Brasil

PARTILHO AQUI FRASES QUE AO LONGO DO PERCURSO, DE ALGUMA FORMA, CHAMARAM A MINHA ATENÇÃO E PODEM SERVIR DE INSPIRAÇÃO:

"Desenvolver força, coragem e paz interior demanda tempo. Não espere resultados rápidos e imediatos, sob o pretexto de que decidiu mudar. Cada ação que você executa permite que essa decisão se torne efetiva dentro de seu coração." DALAI LAMA

"Dentre todas as criaturas da Terra, somente os seres humanos podem mudar de padrão. Só o homem é o arquiteto do próprio destino. Os seres humanos, mediante a mudança das atitudes interiores da mente, podem mudar os aspectos exteriores da própria vida." WILLIAM JAMES

"O homem deve saber que, de nenhum outro lugar, se não do cérebro, vem a alegria, o prazer, o riso, a recreação, a tristeza, a melancolia, o pessimismo e as lamentações. E então, de uma maneira especial, adquirimos sabedoria e conhecimento, vemos e ouvimos para saber o que é justo e o que não é, o que é bom e o que é ruim, o que é doce e o que é sem sabor. [...] O cérebro não apenas estaria envolvido com as sensações, mas também seria o local onde a inteligência se assentaria. Dessa maneira, sou da opinião de que o cérebro exerce um grande poder sobre o homem". HIPÓCRATES (460 - 377 a.C.)

"Enquanto algumas pessoas pensam que a atenção plena requer muito trabalho, a pesquisa (...) mostra que o *mindfulness* leva a sentimentos de controle, maior liberdade de ação e menos estresse." ELLEN J. LANGER

"Do meu ponto de vista, o que se passa é que alma e o espírito, em toda a sua dignidade e dimensão humana, são os estados complexos e únicos de um organismo. Talvez a coisa que se torna mais indispensável fazermos, enquanto seres humanos, seja a de recordar a nós próprios e aos outros a complexidade, a fragilidade, a finitude e a singularidade que nos caracterizam." ANTÓNIO DAMÁSIO

ÍNDICE DE FOTOS

No jardim – Teresópolis/Rio de Janeiro; Brasil, 10
Arredores da geleira – Bariloche; Argentina, 18
Monastério Sera (debate) – Lhasa; Tibete, 22
Estrada para Tsedang – Gongkar; Tibete, 33
Lago – Bavária; Alemanha, 37
Criança da Vila – Drak Yerpa; Tibete, 38
Rio Kyichu – Estrada p/ Drak Yerpa; Tibete, 44
Rio Brahmaputra (travessia p/ Samye) – Tibete, 47
Vila – Drak Yerpa; Tibete, 49
Sino – Patan; Nepal, 50
Stupa Swayambhunath – Katmandu; Nepal, 60
Crianças – Bahktapur; Nepal, 66
Flores – Rockport; Maine, EUA, 74
Lago junto à Potala – Lhasa; Tibete, 82
Museu de Arte Moderna – Frankfurt; Alemanha, 90
Cais e barcos – Lagos; Portugal, 96
Paisagem andina – Chile, 100
A Grande Muralha – Pequim; China, 108
Lago andino – Argentina, 132
Árvore nevada – Flagstaff; EUA, 140
Farol – Stageneck; Maine, EUA, 144
Menino e mar – São Luís do Maranhão; Brasil, 152

OBRIGADA POR ME DESLUMBRAR COM SUA BELEZA!

FONTES DE ESTUDO E PESQUISA

Vivência Pessoal

Todos os cursos que fiz.
Todos os livros que li e filmes aos quais assisti.
Todas as pessoas que conheci, e com as quais convivi.
Todas as conversas que conversei.
Todos os lugares que visitei e coisas que observei.
Todos os ensinamentos e assuntos que assimilei.
Todos os sentimentos e sensações que vivenciei.
Todos os sonhos que sonhei.
Todas as lembranças que guardei.
Tudo que vi, ouvi, senti e experimentei.

Em especial:

A Bíblia Sagrada – O Novo Testamento – Senhor Jesus.
Ordem Rosacruz – AMORC – Sororidade.
Ciência da Cura Prânica – Mestre Choa Kok Sui.
Livros da Doutrina Espírita – Allan Kardec e outros.
Livros Espiritualistas.
Shambhala warrior training – Cynthia Kneen.
Meditação Transcendental – Maharishi Mahesh Yogi.
Livros sobre estudo da Aura e Defesa Psíquica.
Programação Neurolinguística (PNL).
Estudos da Neurociência.
Estudos da *Gestalt*.
Internet.

OBRIGADA, OBRIGADA, OBRIGADA

REGISTROS E ANOTAÇÕES:

Inês Furtado realiza curso fundamentado neste livro.
Maiores informações no site ou por e-mail:
www.oolharinterior.com.br
ines@oolharinterior.com.br

Edição e Publicação de livros
que venham a contribuir para o bem-estar,
alegria e crescimento de todos os seres.

@sementeeditorial
www.sementeeditorial.com.br